子供の世界
子供の造形

松岡宏明

三元社

まえがき

子供ではなかったという大人はひとりもいません。私たちはみな、かつて子供でした。大人にとって子供は過去の私ですから、大人はみな、子供のことは「わかっている」と思っています。このわかっているつもりが思考を停止させてしまいます。子供と大人は、決定的に異なるのです。単に知識や経験の量が異なるだけではなく、質的に大きな違いがあります。社会性や、ものごとに対する認知の仕方も感受性も、そして創造性においても大きな違いがあります。私たちは、自分にも起こったその質的な変化を自覚することのないまま大人になったので、大人の感覚で子供をとらえてしまいがちです。その違いに注目することもなければ、問題意識を持つこともありません。当然ながら当の子供たちも、その違いから生まれる違和感を認識することもなく、まして私たち大人に説明してはくれません。

そんな大人と子供のズレを明らかにしていくことから、本書はスタートします。そのズレを通して、見過ごされがちな子供理解の重要性や、子供の世界の魅力を伝えていきたいと考えています。私たち大人が忘れかけた、あるいはすっかり忘れてしまっている、あの頃の感覚を回復させながら、小さな子供たちのなかにひろがる、固有の世界観を再認識してみたいのです。

ところで私は、子供の世界を理解するために、子供の「造形」を考察することがたいへん有効だと考えています。彼らはいったい何を見て、何を感じて、どのように表現するのでしょうか。彼らが描いたり、つくったりしたもののなかに、またそれだけではなくその行為の過程のなかに、子供のことを知る手がかりをたくさん見つけることができます。本書を読み進めるうちに、子供の世界と子供の造形活動がいかに深く関係しているかについて気づいていただけると思います。そして、造形が子供を理解するために不可欠な分野であることを感じていただけるでしょう。

そもそも造形活動は、子供にとって欠くことのできない活動です。感性や情操を豊かにするとか、創造性を開発するといった意味ではなく、もっと根源的な行為としての造形の重要性を理解していただけるはずです。

しかしながら、本書はとくに造形教育について専門的に語っているわけではありません。子育ての専門書というわけでもありません。保育や教育の話がたくさん出てきますが、それは子供の世界をより際立たせるための素材です。子供を育てる方法としてではなく、あくまで子供理解のひとつの窓口として、造形から子供を見つめていきたいと考えます。

そして最後には、子供の世界と子供の造形を理解するために必要な力を、大人の「見る力」として提案したいと考えています。

私は大学で、保育者や小学校の先生を目指している学生たちに、造形／美術とその教育について教えています。その前は中学校で美術教師をしていました。造形／美術を通して乳幼児から大学生までの長いスパンでひとの育ちをとらえてきました。その経験のなかで気づいたことを記していきます。幼児教育や初等教育にたずさわる方々、あるいはその分野での活躍を志す学生のみなさん、お母さんやお父さん、さまざまな場面で子供にかかわっている方々に、気軽な気持ちで読んでいただけましたら幸いです。

子供の世界、子供の造形をめぐる小さな旅に、しばしおつきあいください。

もくじ

プロローグ
再会

突然ですが、私が描いた絵を見てください（図P−1）。一九七〇年、当時五歳の私が描いた芋掘りの場面です。

信じられないくらい大きなお芋を友だちと一緒にみんなで引っぱっています。実に子供らしい絵です。自分で言うのもおかしいですが、美しい絵だなあと、文字通り自画自賛です。なぜこの絵が「子供らしい」「美しい」絵なのかは、本書のつづきを読んでいただくとして、ここではこの絵と私の「再会」のエピソードをご紹介しようと思います。

私は、ほんの数年前までこの絵の存在をずっと知りませんでした。四十三年の歳月を経て、私はこの絵に再会したのです。それは、ある日、思いもかけずやってきました。

私は、幼稚園の時の担任の先生が大好きでした。先生は私たちをたびたび園の裏山に連れて行ってくださいました。私たちは思う存分自然と戯れたものです。いつも自由な空気のなかで、ダイナミックな遊び――今思えば、造形活動――がくりひろ

P-1 「おいも」
（1970年、筆者5歳）

げられていたのを覚えています。先生はいつも優しく、私が描いた絵の話をよく聞いてくださいました。みんながつくった作品を園の内外に展示して、親も一緒にそれを見て楽しみました。また、魅力あふれる絵本（今では「名作絵本」と呼ばれているものばかり）を、何度も何度もくり返し読んでくださいました。

自分が教師になってから美術教育にかかわるなかで、私の原点は間違いなく幼稚園にあったのだと確信しました。それからは、漠然と感じていた、幼稚園の時の担任の先生にもう一度会ってみたいという気持ちが、それまで以上に高まりました。

それでも忙しい日々に流されて、十数年が過ぎ去りました。そんなある日、私は生家の物置でたまたま幼稚園の修了証書を見つけました。何気なくひろげ、そこに書かれた園長先生の名前を見て愕然としたのです。「衣笠幼稚園園長　岡田清」。岡田清先生＊は、幼児の造形教育や美術鑑賞の研究で偉大な功績を残された美術教育学者です。幼児の絵画についての数々の著書もあります。もちろん私は、岡田先生の本や論文をたくさん読んでいました。それなのに、自分の幼稚園の園長先生だったとはつゆほども知らなかったのです。

それからというもの、当時の担任の先生に会いたいという気持ちは抑えきれなくなりました。自分の原点が幼稚園にあったというどころではありませんでした。

本気になれば探し出せるものです。美術教育関係の知り合いを伝いに伝って、山川（今は河波）順子先生の所在にたどりつきました。私の通っていた幼稚園は京都にありましたが、先生は偶然にも今の私と同じ神戸に住んでおられたのです。お電話を差し上げ、駅の改札口で待ち合わせをしました。卒園してから一度もお会いしたことはありませんでしたが、すぐに先生だとわかりました。あの頃の優しい笑顔のままです。

カフェで三時間ほどお話ししました。そのときに、「これ、ひろとし君、どうぞ」と差し出されたのがこの絵だったのです。くるくるっと巻かれた紙を、はじめはいったい何だろうと思ってひろげはじめました。するとそれは一枚の絵でした。塗り込まれたコンテは、つい先ほど描かれたのだろうかというほどにホクホクしていましたので、先生のお孫さんの絵かなとも思いました。絵の下に名札がついていて、それは絵の裏側の方に折れ曲がっていました。それをもとに戻したときの衝撃と言ったらありませんでした。それは四十三年前に描いた私の作品だったのです。先生は、私の絵をずっと持っていてくださったのです。カフェでお話ししているあいだ、夢のような心地でした。帰りの電車のなかでは涙がとまりませんでした。

今思うと、当時二十六歳という若さだった山川先生が私の将来に決定的な影響を与えた、これはすごいことだと思います。それほどまでに幼児期は重要なのだと再認識しました。

この絵には、本書でのちに詳しくふれる、子供の絵の特徴がたっぷり含まれています。そういう子供の表現をあるがままに受け止め、喜んでおられる先生の様子が絵から伝わってきます。自画自賛ではなく、客観的にもこの絵は素晴らしいと思います。先生は子供の造形を「見る力」を備え、そして、目の前の子供をしっかり見ておられたのです。そのまなざしは深い子供理解に裏打ちされています。

山川先生とさまざまお話しするなかで、当時の幼稚園の先生方は、やはり岡田清先生の薫陶を深く受けておられたことがわかりました。先生方が、子供の造形を「見る力」を鍛えられていたことは想像に難くありません。だからこそ私は、安心して、没頭しながらこの絵を描くことができたのです。子供たちの降園後、子供の絵をひろげながら、岡田先生は若い先生方に子供の絵の見方をつねづね語っておられたそうです。山川先生は、その時間が至福の時だったと回想しておられました。

幼児期に、たしかな教育を受けていたことを誇りに思います。それが、直接記憶に残っていなくても自分のなかに深く染み入っている実感があります。この喜びを子供にかかわる方々に伝えたい、伝えなければならない、そんな使命感がこの本を書いた動機でもあります。

もはや、当時のことを直接分析することはできませんが、本書において現在の子供たちの作品や造形活動を紹介することによって、私が受けたたしかな教育を自ずと浮かび上がらせることになると信じています。

＊岡田清（一九〇二〜七五年）。東京美術学校卒業。京都市教育委員会指導委員（視学）、同教科指導主事、衣笠幼稚園園長を歴任。日本美術教育学会の立ち上げに関与し、学会誌の編集に部長としてたずさわった。のちには「幼年美術の会」を主宰した。幼児の造形教育や美術鑑賞などに関する著書は十冊をこえ、日本美術教育学会学会誌への投稿論文は確認されるだけで四十八本にのぼる。
　筆者は現在、日本美術教育学会の学会誌編集部長を務めており、そのめぐりあわせに驚いている。

1

「大人」vs.「子供」

子供の世界を探っていくにあたって、まずは大人と子供を対決させてみたいと思います。「大人」vs.「子供」。これは両者を対決させてどちらか勝者を決めるということではなく、違いを際立たせるための設定だと思ってください。また、何歳までが子供で何歳からが大人という明確な線引きがあるわけではありませんが、ここでいう「子供」は、おおむね「幼児」と考えてください。具体的には、小学校二年生くらいまでの子供を中心に想定しています。なぜ小学校二年生までなのかについては、あとでふれます。

まず、次のページの**表1-1**を見てください。もちろん、この表に当てはまらない大人もいますし、こうではない子供も当然います。子供の性質、子供の世界を浮き彫りにするためのひとつの見方です。どういうことなのか、以下、ひとつずつその対決の中身を明らかにしていきたいと思います。

1・1 「自分と世界が分離している」大人 vs.「自分と世界が一体化している」子供

大人にとって「世界」とは、自分とは分離したひとつの対象です。大人は「私」と「世界」を客観的に区別してとらえます。当然といえば当然です。私たち大人は、朝起きた瞬間から、「私」が「世界」に対峙していることを無意識に自覚しています。これが、「自分と世界が分離している」大人ということです。一方、子供は自分と世界の境界が非常に曖昧です。自分と世界が「もや〜」と溶け合っているような具合です。「七歳までは夢のなか」といわれます（松井るり子『七歳までは夢の中――親だからできる幼児期のシュタイナー教育』学陽書房、一九九四年。）。いわゆる「ものごころがつく」と言われる時期までは自分の意識を客観的にはつかめていません。世界は主観そのものです。「私」が「世界」そのものであり、「世界」は「私」です。

そんな子供の世界観を目の当たりにしたとき、私たち大人は、彼らがまるで空想の世界に生きているように感じられます。子供は「あそこにお化けがいた！」と言い、「大きくなったら魔法使いになる！」と宣言したりします。しかし、これは空想とは言えないのです。空想だとすれば、それは「私」が空想しているわけで、その時「私」と「世界」は切り離されていることになります。実は大人が「子供は空想の世界に生きている」ととらえているだけなのです。大人から見ると子供たちの世界は、現実と空想が入り交じっているように感じられますが、そもそも子供にとって現実と空想は区別されていません。子供たちは、ただ、自分と世界が一体化した世界に生きているのです。

そんな子供の世界を見事に描きだした絵本があります。マリー・ホール・エッツの『もりのなか』です（**図1-1**）。子供たちに長く愛されつづけている、モノクロームの、優しく美しい絵本です。

この絵本のなかで主人公の「ぼく」は、紙の帽子をかぶり、新しいラッパを持って森に散歩に出かけます。その途中で次々と動物たちに出会い、「ぼくのさんぽについていきました」というフレーズがくり返されながら、たくさんの動物たちが集まります。それからみんなで森のなかでピクニックをしたり、遊んだりして、最後にかくれんぼをしようということになります。「ぼく」が鬼になり、動物たちは森に隠れました。「ぼく」が探しはじめようと

表1-1　「大人」vs.「子供」

大人	子供
自分と世界が分離している	自分と世界が一体化している
視覚に偏っている	全感覚を起動する
概念に縛られている	「あるがまま」からスタートする
体験に閉じている	体験に開いている
目的、効率、計画に生きる	今、過程に生きる

したところに、お父さんが「ぼく」を迎えにやってきます。「ぼく」は動物たちに「またこんど、さんぽにきたとき、さがすからね！」と言って、お父さんに肩車してもらって帰っていきます。そんな、とても素朴なお話です。

子供の頃は、帽子をかぶったりラッパを持ったりするだけで簡単に変身ができました。ごく自然に異空間へ入り込み、何でもできる存在になれました。動物ともモノとも会話ができましたし、それらは自分に都合のいいように何でも言うことを聞いてくれました。ひとりで遊んでいても、みんなで遊んでいる実感を持つことができました。現実と空想の境目がありませんでした。夢のなかに住んでいるような感覚で、世界と自分は一体化していました。

1-1 マリー・ホール・エッツ『もりのなか』表紙
まさきるりこ訳、福音館書店、1963年

「またこんどきたとき、さがすからね」という台詞は、大人が考えると身勝手なものです。「ぼく」がまた来てくれるまで、動物たちは隠れていなくてはなりません。実に自分本位な「ぼく」です。しかし、そう言われてみれば、自分もそんなものだったと思い返すような記憶が誰にでもあるのではないでしょうか。

それにしても、この絵本のお父さんはステキです。迎えにきたお父さんが「いったいだれとはなしてたんだい？」とたずねると、「ぼく」は「どうぶつたちとだよ。みんな、かくれてるの」と答えます。ここでお父さんは「もうおそいよ。うちへかえらなくちゃ」と言うのですが、それだけなら普通のお父さんです。現実の世界へ子供を連れ戻すことばだと言えるでしょう。けれども、お父さんはつづけて「きっと、またこんどまでまっててくれるよ」と言うのです。素晴らしい！　子供は子供としての現実のなかに生きている、その感覚をちゃんと共有してくれています。「いつまであそんでいるんだ。うちへかえるぞ。どこにもどうぶつなんていないだろうが」では、子供の世界は破壊されます。しっかりと子供の世界を保存しておいてくれているからこそ、この絵本は子供たちに支持されつづけているのです。初版が発行されたのが一九六三年、私の手元にあるのは二〇一一年版の第百二十二刷ですから、その支持率は驚異的です。このお父さんは子供たちの憧れであり、深い安心感を与えてくれるのでしょう。

子供のときには、動物たちは当然のようにしゃべりますし、お化けも本当にいるのです。ぬいぐるみとも会話できて、ちゃんと反応も受け取っています。見えないものが見え、いないものを感じることもできます。

「自分と世界が一体化している」子供たちの様子について、子供たちが描く絵にも、その証拠を見つけだすことができます。

おおむね年中さんから小学校二年生くらいまでの子供たちを、絵画の発達段階では「図式期」と呼びます。この時期は「子供の絵の花盛り」と言われていて、なんとも不思議な、なんとも自由な、なんとも素敵な絵が次々と生みだされます。大人にとっては

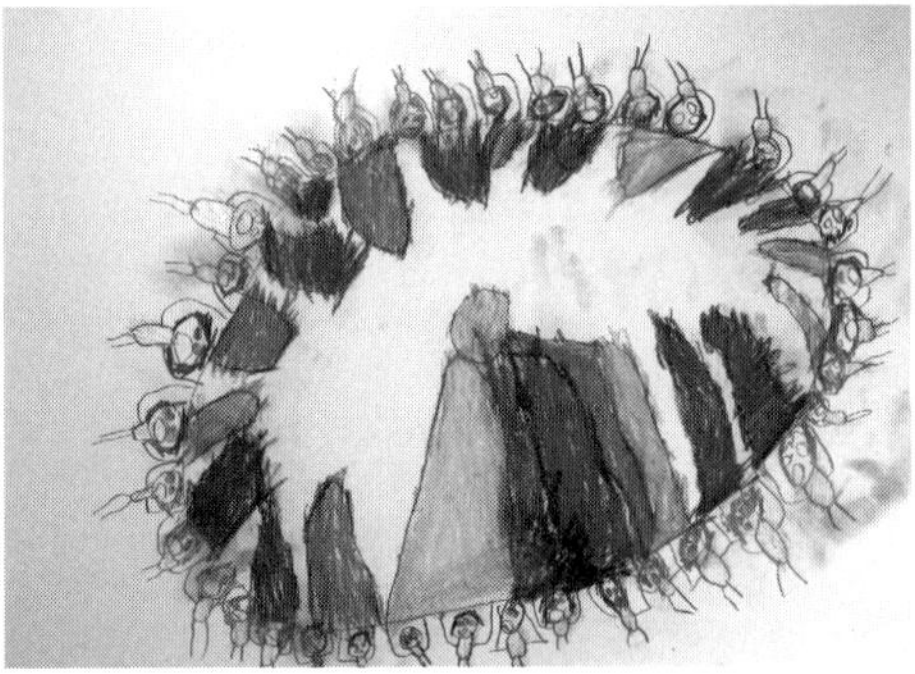

1-2「ぽわーんとおおきくふくらんだ」
（5歳）

1-3 「ピーナッツがまだねているところ」
(5歳)

不可解、あるいは奇妙であっても、当の子供はいたって真面目に描いています。

図式期の子供たちは、まるで自由自在に空間を行き来して、あちこちから世界を見ているかのような絵を描きます。視点は三つあります。

ひとつめは、真上から見おろすような視点です。**図1-2**は五歳児が描いた絵で、みんなでパラバルーンをふくらませているところです。周囲を取り囲む子供たちはぺたっと寝ているようです。この場合の視点は、パラバルーン中央の真上ということになります。ドローンに乗って上空から自分たちを見ているかのような視点です。

ふたつめは、真横からの視点です。視点は、ぐっと下の方、地面すれすれ、いえ、目の半分が土のなかに埋まってしまったところから見ているかのようです。画用紙にまず一本の横線（「基底線」と呼びます。後述）を引いてから描く場合です。目の前の世界を巨大な包丁でばっさり切った断面図のような絵です。この場合の視点は、その一本線の高さにあります。**図1‐3**も五歳児の絵です。「ピーナッツがまだねているところ」というタイトルで、一本の横線の上が地上、下が地下を示しています。地上と地下の両方が同時に見えているということは、視点はその一本線の高さ、つまり真横にあることになります。

さいごは、透視の視点です。お母さんのお腹のなかにいる妹や、家のなかにいる人物などが透けて見えているかのように描きます。**図1‐4**は、お城のなかにいる人物の様子をシースルーで描いています。

これらは、どれも自分が世界を見ているという視点ではなく、自分も含めた世界をどこかから見ているような視点です。自分と世界が切り離されていない証拠のひとつだと言えるでしょう。

小学校低学年の頃までは、絵のなかに当然のように「自分」が登場します。絵のなかで自分が嬉々として大活躍するのです。考えてみるとこれは不思議なことです。本来自分を含めた世界を見ることはできません。自

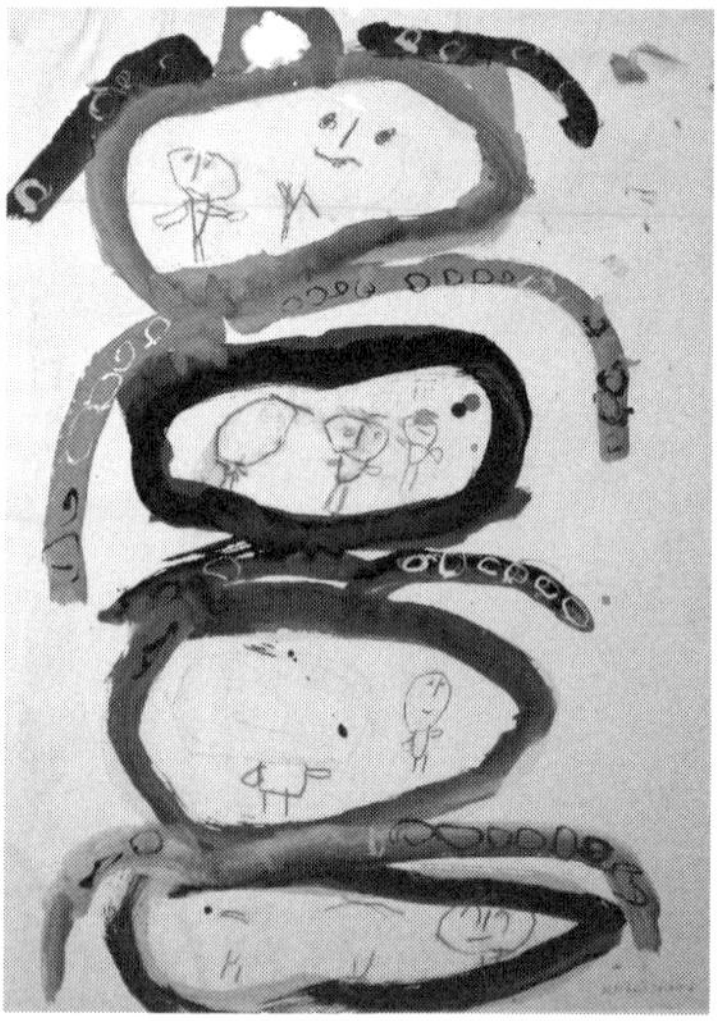

1-4「おしろにあがってたのしかった」（5歳）

分が絵のなかにいるということは、自分の目で見ているのではなく、自分も含めた世界を感じているということです。自分と世界が分離し、自分が世界を見つめていれば、こういうことは起こりません。自分が世界のなかに溶け込んでいるからこそ起こることなのです。子供にとっては、この世界は自分と一体化したものなのです。

図1-5は、自分を描いています。歯がピカピカになったことの喜びが伝わってきます。歯磨きをしている自分を観察して描いたのではありません。そこにいる自分を含めて世界をまるごと感じている状態なのです。「観察する自分」ではなく「存在する自分」。世界を見ているのではなく、世界のなかにいるのです。

そう言えば、幼児期の記憶は、自分も含めた光景をどこかから見ている図として思い浮かんでくるということはありませんか？ 転んだとき、怖かった出来事、とても嬉しかった一瞬など、なぜか自分が画像としてそのなかに存在しているのではないでしょうか？ 大人になってからの思い出のシーンは、自分の目から見ている光景として記憶に残っていますが（すなわち自分の姿は含んでいない）、幼児期の記憶は、まるで幽体離脱してどこか離れた場所から見ているようなシーンであったりします。日頃、私が教えている学生たちも多く

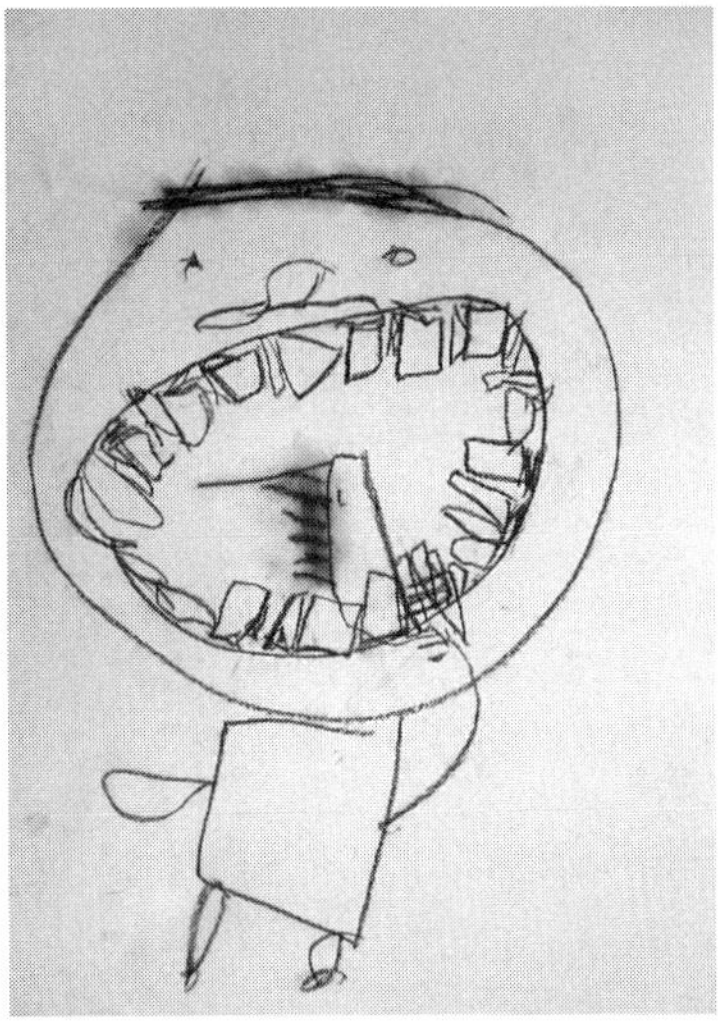

1-5「はみがきしたらピカピカになったよ」（5歳）

が、「そうです、そうです。たしかに自分の姿を含む記憶です！」と、同意してくれます。これも、自分が世界の一部だった例なのかもしれません。

この話をしたときの、学生の思い出をひとつ紹介します。

小学校一年生の時のマラソン大会を思い出した。入賞しようと意気込んでいた私は、「最初から全力で走るより、ペース配分して走ろう」という、ほかの一年生は考えない非常にクレバーな作戦を思いつき実行しようとした。しかし、いざスタートすると後ろの走者がみな全力で走ってきたため私は押し倒され、私の上にドミノ倒しに人が集まってきた。私の靴は脱げ、その靴をはきながら、そして半べそをかきながら走った。当然のように結果は悲惨なものであった。その日、帰宅すると、大会を観に来ていた母は私に、「まさか私の子がつぶされるなんて思わなかったよ、あっはっはー」と笑った。そのことばがショックだったからだろうか、その押し倒されてつぶされて泣きながら走ったその記憶を思い出す時は、客席から走る私を見ているという視点で思い出される。

1・2 「視覚に偏っている」大人 vs.「全感覚を起動する」子供

新生児は右の黒目と左の黒目が違う方を向いていたりして、なんだか不思議で、とてもかわいいですね。まだ焦点が合っていないのです。明暗への反応は生後一ヶ月くらいで認められるようになり、やがてじっと注視する「凝視」がはじまり、そのうち動くものを追う「追視」をするようになります。色の認識は三ヶ月くらいからはじまります。その後も、人間の視覚はたいへんなスピードで発達していきます。生まれたときには視覚以外の四つの感覚（触覚、聴覚、嗅覚、味覚）の方が上まわっているのですが、ほどなく、視覚は他の四つを凌駕していきます。そして成長するにしたがって、気づかないうちに視覚に頼るようになり、見ることを通して世界を判断することに偏っていきます。「見ればわかるでしょ」という世界です。かつて子供の頃に、さわる、なめる、嗅ぐ、耳を澄ます、見るといった五感をフルに起動させて世界にかかわっていたことを忘れてしまいます。

幼い子供たちは目で見るだけでは判断しません。判断できないと言ってもいいでしょう。子供たちは、道に落ちているものを何でも拾おうとします。それがドングリでも、ガラスの破片であってもです。ガラスの破片は危険です。大人は当然、さわってはいけないと見て判断します。けれども子供は、ためらいもなく手をのばします。大人はあわてて、「危ないでしょ！　尖っているでしょ。見ればわかるでしょ！」と注意したりします。見て判断できる能力は、安全を確保するためにも重要です。しかし、目で見てわかっているつもりでも、実はよくわかっていないということは案外多いのです。

私は、保育者や小学校教諭を目指す学生たちに「造形」や「図画工作」を教えていますが、授業で以下のような活動に取り組みます。保育を学ぶ場ではよくおこなわれる一般的な活動ですが、個々の学生の内面に起こる変化はさまざまで、また小さなことではありません。

晴れた気持ちのいい日に、造形室から飛びだして、その授業は展開します。学生たちには、トレーシングペーパー（向こうが透き通って見えるくらい薄い紙）と色鉛筆などを持たせます。そして、大学構内にある木々や葉っぱなどの自然物、壁や備品などの人工物などのなかから、表面に少し凹凸のあるものを見つけ、その上にトレーシングペーパーをのせ、上から色鉛筆などでその形をこすり取るのです。これは「フロッタージュ（こすり出し）」という技法で、小さな子供も大好きな活動です。十円玉の模様をこすり出した記憶のある方がいるのではないでしょうか。そんな子供の遊びのようなことに大学の授業で取り組みます。すると、毎日通っていて目にしているはずの大学構内や身の回りのことを、意外に知らなかったことに学生たちは気づきます。

「大学の壁はこんな模様だったんだ」、「廊下においてある下駄箱にはこんな凹凸があったんだ」、「ここにこんな素敵な葉っぱをもった木が植えられていたんだ」など、新鮮な出会いだらけです。フロッター

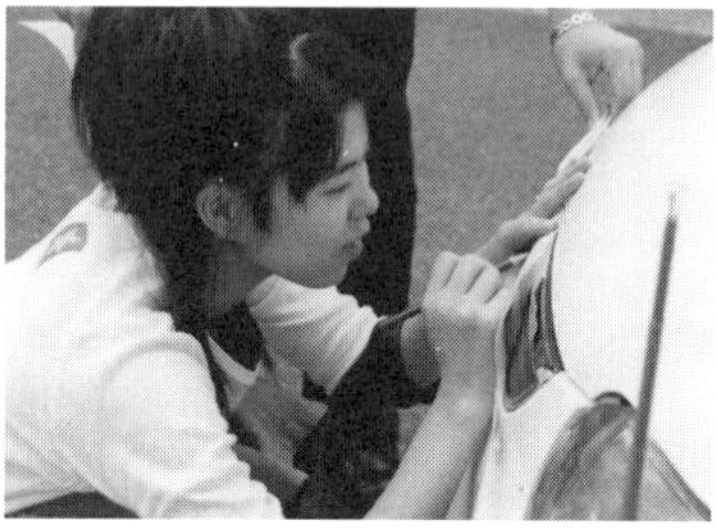

1-6 教員の車も写し取っちゃえ！

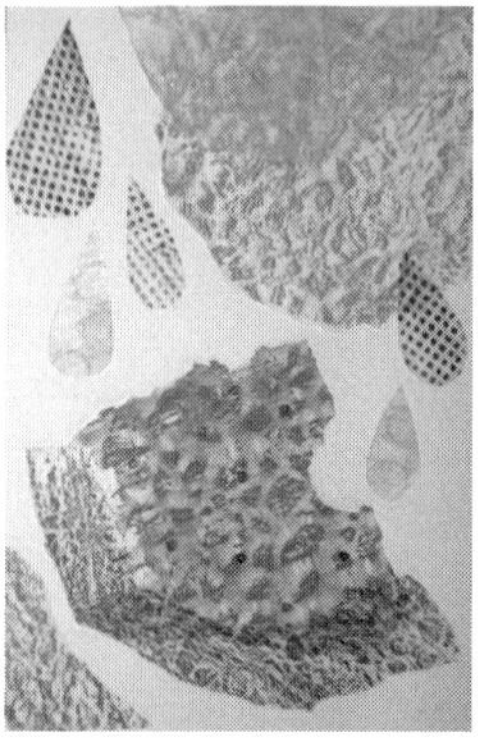

1-7 フロッタージュ作品（学生）

ジュをすることによって、ただ見るだけでなく、触覚を使ってモノと接するわけです。見ているだけではわからないモノの特質に迫ることになります。何でもないような活動ですが、これが実に楽しいのです。私も、二十年以上学生たちと一緒にやっていますが、いっこうに飽きることがありません。最初はなんだか面倒そうにしていた学生たちも、すぐに嬉々として取り組み始めます。

図1-6は、学生が教員の車のエンブレムを写し取っています。そこにある凹凸がそっくりそのまま写し取られるのですが、紙の上に色が変わって移ってくる様はとても不思議な感覚を与えてくれます。その後、写し取った紙を手でビリビリ破いたり、ハサミで切ったりして構成します（**図1-7**）。すると元の素材から完全に意味が切り離されて、新しい世界が出現します。マンホールのふたに記された「汚水」の文字も、写し取ってみると（**図1-8**）、こんなにきれいです！（**図1-9**）

活動後の学生の感想をひとつ紹介しましょう。

今日は晴れたのでフロッタージュをした。今回は屋内でいろいろなものを写してみた。自然物と違って人工物は普段見ているだ

1-9 きれいだったりする。

1-8 マンホールの「汚水」の文字も、写し取ってみると……

けだと何か冷たさを感じるけれど、実際手でさわってその感触や温度を感じてみると、冷たさばかりではなく、光が当たって温かくなっているものや、おもしろい手触りのものなど、たくさんの発見があった。フロッタージュをしてみると、視覚だけじゃなく触覚をしっかり使うので、普段感じることのない感動や喜び、そして発見に出会うことができると思った。また、フロッタージュを経験したことで、普段自分がいかに視覚に頼っているかも感じた。これからは視覚ばかりに頼らず、自分の持っている五感をフルに使ってたくさんのことを感じながら毎日を過ごしていきたい。

学生たちは、触覚的にモノにかかわることによって見ることの不確かさを自覚し、視覚に偏って生きていることを認識します。また、学生たちが見つけた凹凸や、写し取った紙を構成した作品に、私はいつも感心しきりです。

触覚は、子供にとって極めて重要な感覚です。

生後四ヶ月くらいになると、差し出されたおもちゃに手を伸ばして、つかもうとします。はじめは空を切りますが、しだいにまっすぐ伸ばしてつかむようになります。目と手が協応しはじめるのです。くり返しくり返しの練習を経て、どのくらいの大きさに見えているものが、どのくらい手を伸ばせばつかむことができるのかを学んでいきます。

生後七ヶ月頃になると、腹ばい（ハイハイ）ができるようになり、自分で自分の体を運べるようになります。そして、しきりに探索活動をはじめます。これは言いかえれば「いたずら」です。あらゆるモノに手を伸ばし、片っ端から触れていこうとします。触れるという生やさしいものではありません。つかんでは投げ、つかんでは投げの大暴れ。せっかくかわいいぬいぐるみを優しく差しだしてあげているのに、ぽーい！と放って大はしゃぎ。「大事にしてあげてね」と言って渡しても、投げては大笑い。

また、小さな子供は何でも口に入れようとしますが、これは味を確かめようとしているよりも、むしろ舌を触覚として使っている側面が大きいのです。形や大きさ、固さなどをそうやって認識しています。食卓荒らしもはじまります。机の上のものを全部下に落とすなど、なんて乱暴なのだと思うようなことを平気でやります。茶だんすのいちばん下の棚は、子供が少し大きくなるまでは鍵をかけておかないと、ちょっとした隙に、なかのものをすべて出してしまいます。

この頃からしばらく、子供たちは「触覚の時代」を生きます。この一見いたずらにしか見えない探索活動を通して子供たちは、モノの特性を知っていくのです。モノの存在、感触、温度、重さ、大小、空間、遠近などを学んでいきます。私たち大人には、単なる「いたずら」や「悪さ」に感じられる行動も、実は学びの過程なのです。

十八世紀の中頃のことですが、ヨハン・ゴットフリート・ヘルダーというドイツの哲学者がその著書のなかで次のように述べています。

子供の遊び部屋に入って、どんなに小さくとも経験の人間である子供が手や足を使って、つかんだり、握ったり、手に取ったり、重さをはかったり、さわったり、寸法をはかったりしながら、絶えず立体、姿、大きさ、ひろがり、距離などの難しい、最初の、そして必要な概念を忠実に確実に身につけようとしているのを見たまえ。言葉や説教でそういう概念を子供に与えることはできないが、試みたり、試したりする経験がそれを与えてくれる。ほんの数瞬の間に、ただ見とれたり、言葉で説明するだけなら一万年かかってどうやらできる以上のことを習い覚え、それもすべてをもっと生き生きと、もっと間違いなくもっと強く習い覚えるのである。

（ヨハン・ゴットフリート・ヘルダー「彫塑」、世界の名著38『ヘルダー　ゲーテ』中央公論社、一九七九年、二〇九頁。）

こう言われると、部屋中散らかしまくっている子供に感動を覚えます。とても叱る気持ちにはなりません。小さな子供にとって確実な世界はなんといっても触覚の世界なのです。この時期の、触覚を通して成長していく過程を奪ってはなりません。安全には十分配慮しながらも、さまざまなものに触れさせていくことの重要性が浮かび上がります。

しかし、理屈では理解していても、「あ、これは今、空間認識を高めているのだな。よしよし、いいぞ、いいぞ」などとは思えません。「また散らかして！」とか「どうして同じことをするの！」などと注意してしまいます。泥にさわらせない、部屋が散らかるのがいやだからといって、子供が触れてもいいものさえ手の届くところに置かない、着替えは親がやった方が早いので子供にさせないというふうに、子供の触覚の時代を大切にできているかと言えば必ずしもそうとは言えないでしょう。

図1-10は、ある四歳児の絵です。この子は絵を描くことが嫌いではありません。むしろたくさん描きます。しかしこの子の絵には、どれにも「手」がありません。この絵だけではなく、いつも描かないのです。実はこれは、何から何まで母親がやってあげている子供の絵です。すべて母親がやってくれるものですから、

本人は「手」を意識しないようになってしまっているのです。手の存在感や必要性を感じていないので、絵にも出てこないのです。この絵は、たしかに自分の「手」で描いているにもかかわらずです。

触覚の時代を生きている子供たちから、触れるという経験を取りあげてしまうことの恐さを感じます。私たちは、子供のためと思って、あるいはより早く物事を進めようとして、子供が触覚を通して成長していく機会を奪ってしまっているかもしれないことを省みる必要があります。

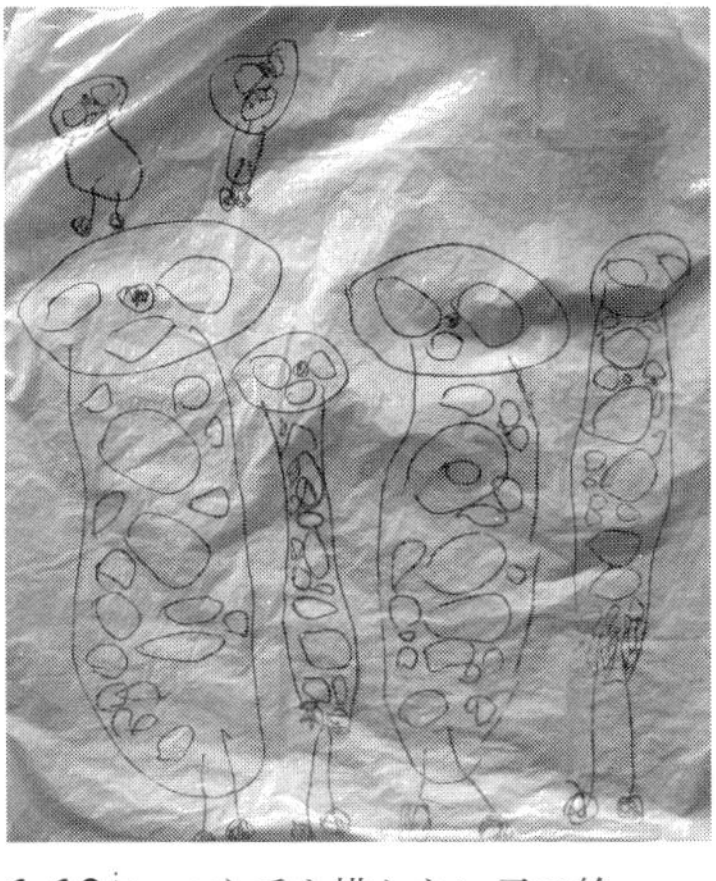

1-10 いつも手を描かない子の絵（4歳）

たとえば、ジョイ・リチャードソンの『さわるってどんなこと?』の「あとがき」において、その訳者で健康研究家の菅原明子は、こんな指摘をしています。

日本の現代っ子たちは、五感のなかでもとくに触覚を退化させている子がおおいのではないかと、心配です。猫をなでたことのない子、つきたての餅をまるめたことのない子、砂場でドロだんごをつくったことのない子に、いくら口で説明しても、そのやわらかさや、あたたかさ、いとおしさなど、実感してもらうことができないからです。（ジョイ・リチャードソン『さわるってどんなこと?』菅原明子訳、ポプラ社、一九八六年、二五頁。）

これが書かれたのが一九八六年ですから、このなかの「現代っ子」が今の親世代ということになります。ということは、触覚はさらに退化している可能性があります。このあと、この指摘に対して反省がなされたという実感がありません。

触覚の時代を経験して大人になった私たちは、見ることによってモノの特質を予測できるようになります。大きさ、質感、距離、重いのか軽いのか、危険か安全かなどを、視覚によってかなり正確に判断することができます。当たり前のことですが、大人は遠くのモノが小さく見えることを知っています。小さく見えていても、遠くにいるあのひとはかなり身長の高いひとだろうなどと推測することができます。目が見えなかったひとが、ある日、見えるようになった時、目の前には立体感、すなわち奥行きというものが感じられず、まるで絵に描かれたモノ、色のついた平面がバーンと目の前に突っ立っているように見えると言います（同前、二〇八頁。）。触覚が先行し、それが視覚と協応する経験を重ねることによってこそ見ることの発達が促されるのです。

ここでひとつ、小林一茶の句を紹介します。

名月を取ってくれろと泣く子かな

時折、乳児が空に向かって手を伸ばして、何かをつかもうとしている仕草に出会いますが、月や星にさわろうとしているのです。

触覚以外の感覚はどうでしょう。

味覚。これも乳児のうちからなかなかの実力があります。例えば「苦み加工」がほどこしてあるリカちゃん人形の靴を、乳児は生理的に受けつけません。口に運んでみたものの、なんとか口のなかから出そうと必死です。

嗅覚は母親の羊水のなかにいるときから働いているようで、新生児のうちは五感のなかでいちばん鋭いのではないかとも言われます。二〇〇五年にフランスの心理学者L・マーリィとB・シャーラがおこなった、こんな実験があります。母親の母乳と粉ミルクをそれぞれガーゼに付け、それを新生児の顔の前の左右に取りつけてみると、どちらの方へ鼻を向けるかという実験です。実験の結果、新生児にとっては母親の母乳の方が粉ミルクよりも魅力的（attractive）であるということが証明されました。母乳の色や質感をとらえているはずもありませんから、嗅ぎ分けているということなのでしょう。これはかなりの実力です。

聴覚については言わずもがなのことです。胎児のときから母親の鼓動を聞き、語りかけに反応し、音楽を心地よく感じていることはよく知られています。

子供の「見ること」はまだ、きわめて優れた視覚能力を持つ大人に比べ、他の四つの感覚を凌駕するまでには至っていません。子供が全感覚を起動しているのは、意識的なことではなく、そうしないと世界がつかめないからなのです。子供たちが、私たち大人とは違う世界を生きていることを知っておく必要があります。

1・3 「概念に縛られている」大人 vs.「『あるがまま』からスタートする」子供

ひとは、さまざまな経験を重ねることにより、複数のもの・ことのなかから共通点を見出し、「こういうのは犬」、「こういうのは果物」といった「概念」を形成していきます。その蓄積によって判断力、分析力、評価する力が備わり、大人になっていきます。しかし一方で、大人はひとつの事物に出会った際に、その具体的な事実を無視して、頭のなかだけでおおざっぱに分類したり、判断したりしてしまいがちでもあります。何でも概念に押し込んでしまうようになり、あるがままの姿から遠ざかってしまうことになるわけです。それを「概念的」と言います。概念は、ひとが生きていく上でとても大切ですが、それに縛られすぎて、あるがままを見落としてしまうのは残念なことです。

絵を描くときに、ウサギと言えばおきまりの二本の長い耳があって、それが短いとカエルになるといった具合です。実際にはそんな形のウサギやカエルはいません。色を塗るときに、リンゴは赤色、地面は茶色と考えてしまうのもそうです。リンゴは決してクレヨンの「あかいろ」ではありませんし、「ちゃいろ」の地面にもまずお目にかかれません。子供たちは必ずしもいわゆる「記号」のような描き方をしませんし、リンゴに赤、地面に茶色といった固有色ばかりを塗るとは限りません。子供たちには、いい意味で経験が不足しています。

そのために、まだ概念化が進んでいません。出会うもの、出会うことのすべてをあるがままに味わっています。

かつてこんなことがありました。私の息子が幼稚園に通っているときのことです。

それは土曜日の朝のことでした。当時私たちはマンションの六階に住んでいて、息子と一緒にゴミを出しに行こうとしました。右手で息子と手をつなぎ、左手にはゴミ袋を持って、エレベーターが来るのを待っていました。やがてドアが開き、なかに乗り込もうとしたその瞬間!! とってもつらいものをエレベーターの床に見つけてしまったのです。「ううーっ！」私は思わず大声をあげてしまいました。なんとそこには、誰かが吐いたものが一面にひろがっていたのです。汚い話で申し訳ございません。その日は土曜日。解放感あふれる金曜日の夜、酔っ払って帰ってきた誰かが、家まで我慢できずにそこで粗相してしまったのでしょう。私は息子に、「きょ、今日はエレベーターはやめて階段にしよう！」と叫びました。

しかし、驚いたのはそのあとの息子のひと言でした。息子は「ちょっと待って、お父さん。これ、ポケモンのサンダースや！」と言ったのです。ポケットモンスターのキャラクターのひとつです。たしかにそう見えなくはない……、笑いました。と同時に子供はすごいと思いました。私にとっては「げー」は「げー」、それ以外何ものでもありません。概念に縛られています。ところが子供には「げー」さえも大好きなキャラクターに見えるのです。

「げー」の例が悪いとしても、子供は食卓にこぼれた醤油の形を見て「サカナだ」などと言います。空に浮かぶ雲を見て「怪獣だ」と言います。トイレに貼られたタイルを見て、「ロボットがいる」と言います。あるがままからスタートしています。大人は「サカナのようだ」「怪獣みたいだ」「ロボットに見える」と言いますが、子供は必ずしも「みたいだ」とは言いません。「みたいだ」というのは、想像して、たとえているときに使うことばです。子供は「サカナだ」と断言します。「サカナだ」と「サカナみたいだ」と言うのでは意味合いがまったく違います。あるがままを、概念に縛られることなく受け入れ、自分が知っている何かと結びつけ、自分との関連を表明するのです。

保育所や幼稚園、こども園においては、子供たちが雲の形を「〜だ」と言うなどの活動を「見立て」と呼びます。文字通りではありますが、本当のところは、子供たちは見立てているわけではないのです。本当に、そこにそれを見出している。大人が勝手に「見立て」だと見立てていると言えるでしょう。

そんな子供たちですが、大人が概念を押しつけてしまうと、たとえそこに押しつけている気持ちはなくとも、子供たちの思考が概念化されてしまいます。子供たちはとても素直です。大人の言うことをちゃんと聞いてくれます。「これがウサギの形だよ」、「手はそんなに長くないよ」、「山は緑色だね」、「空はそんな色をしていないよ」というように、知っている大人が、知らない子供に概念を教えてあげることこそが、大人の役目、教育であるという誤った認識があります。

私は仕事がら保育所や幼稚園、こども園を訪れることが多いのですが、残念なことに、大人の概念を押しつけるような保育にたびたび出会ってしまいます。

とある園でのこと。その日の年中さんクラスの造形の時間は、「いろんな顔をつくろう」というテーマの活動でした。先生は、まず黒板に自作のイラストを貼り（図1-11）、次に子供たちに向かって優しい口調で、こんなふうによびかけました。「今日は顔をつくります。女の子はおさげのついた顔の形を持っていってください。男の子は短い髪の形ですよ。今日、先生は、いろんな顔のパーツをつくって箱のなかに入れています。

『まゆげ』と『くろめ』と『しろめ』と『はな』と『くち』です。この顔の枠に、好きな顔のパーツを貼りつけて、先生がつくったように、好きな顔をつくりましょう」。

すべてが概念的です。女の子はみんなこんな顔の形をしているでしょうか。男の子の顔はこんな形だけでしょうか。眉毛は横棒と山型だけでしょうか。白目も黒目も鼻も口もこの三種類だけでしょうか。眉毛と黒目は黒だけでしょうか。鼻と口はオレンジ色だけでしょうか。すべてが型にはめられています。組み合わせて貼るだけのこの活動を造形の時間と呼べるでしょうか。単なる作業です。最後に「好きな顔をつくることができたね」と褒めておられる先生、そしてそれを喜んでいる子供たちに心が痛みました。

実はその前にも、もっと驚いたことがありました。この活動の前に先生がつくり方の説明を終えたときに、ある男の子が満面の笑みをたたえて言ったのです。

「今日は選べるの？ やったー！」

どうやら、普段は選ぶことさえさせてもらえないようなのです。日常的にどのような造形活動が展開されているかが容易に想像できてしまいました。

先生の口調は優しく、準備には時間がかけられていました。子供たちは落ち着いて先生の話を聞き、嬉々として活動に取りかかっていました。その子供たちの反応に、先生はすっかり満足されていましたし、活動はた

1-11 これが造形活動？

いへん順調に進み、表面上は何も問題がないように感じられました。しかし、このようにして大人の概念は、見えないかたちで子供たちに染み込んでいくのです。

その先生を責める気持ちは毛頭ありません。事はもっと構造的な問題だと感じています。青空に長い一本の飛行機雲を見て「空がケガしてる！」と言う子供、「うちのお家の天井には恐竜がいて、いつもこっちを見ているからこわいんだ」と話してくれる子供、フライドポテトのなかから「この人がいちばんかっこいい」と形を選んでくれる子供……。あるがままからスタートする子供たちのことが理解されていない。それを素敵なことだと思えず、大切にすることの重要性が理解されていない。私たち大人全体の問題としてとらえていかなければならないと思います。

もちろん、概念を身につけていくことが悪いと言っているのではありません。それは子供たちの発達にとってたいへん重要です。しかし、概念に縛っていくのではなく、発達心理学者の岡本夏木が述べるように、「人間的に豊かな発達とは、一方では概念化を進めながら、なおかつイメージの柔軟さと表現性をも発揮し続けてゆくような個性の形成にある」（岡本夏木『幼児期——子どもは世界をどうつかむか』岩波書店、二〇〇五年、一四九頁。）ことを指摘しておきたいと思います。

1・4 「体験に閉じている」大人 vs.「体験に開いている」子供

見ただけで判断しない子供は、とにかくやってみようとします。これは子供が五感をフルに活用して世界とかかわっていることとも関連しますが、やらなければわからないのでやってみるのです。やらなければ気がすまないのです。

体験に開いている子供は、大人から見るとわざわざ面倒くさいようなことをします。幼稚園からの帰り道、一緒に歩いていて、道の脇に小山があれば登ったり降りたりしながら帰ろうとします。まっすぐ歩いた方が早いに決まっています。届きそうな高さに木の枝が伸びていれば、とりあえず飛び上がってみます。疲れるだけなのに。目の前に水たまりがあれば、じゃぶじゃぶとなかを進んでいきます。この場合は、たしかにまっすぐ進む方が近いと言えば近いのですが。

大人は、やらなくてもやった結果をイメージすることができるので、実際にはやろうとしません。木に登ればしんどいし、上からの景色も、下りるときの困難も想像できるからです。水たまりに足を入れれば、今日はいている靴では水が入り込んでしまうこと（そうなればその日一日どれだけ不快になるかも）、石を蹴ったらどこまで飛ぶか、足の先が痛くなるか、危ないか、想像できてしまいます。この想像できるということが厄介なことなのです。想像して結果を予想する。ですから、やらなくてもわかってしまう。やる必要がなくなるわけです。対して子供は、まだ十分に経験を積んでいないので、やってみないとわかりません。言ってみれば、想像ができないのです。

よく、「子供は想像力がある」と言います。しかし先を見通すという意味でなら、それは間違いです。大人の方こそ想像力があるのです。大人が「子供は想像力がある」と言うときの想像力は、先をイメージする力のことではなくて、自分の知っているもの同士が、自由に関連し合い、概念が邪魔することなく直結する様子を指しているのです。

二十年近く前ですが、ある造形教育の研究会で、画家の横尾忠則さんの講演を聴きました。世界の「YOKOO」と言うべき現代を代表する美術家です。ニューヨーク近代美術館をはじめとして国内外八十を超える美術館に作品が収蔵されています。

参加者のほとんどは図工・美術の教師たちでしたが、横尾さんは「美術をしている者が言うのもヘンだが、想像することは危険である。想像するとは先を見通すことだからである。そのことによって、今、目の前にあることを大切にしなくなるからである」とおっしゃいました。

美術家が想像することを否定するとは意外なようですが、これは子供の想像力に通じる考え方だと思います。大人は先を見通すことで、すべて頭のなかで完結してしまいます。しかし本当は、やってみないとわからないことがいっぱいあります。むしろ、その方がよほど多いのです。

著名な心理学者、ジャン・ピアジェやジェローム・セイモア・ブルーナーは、思考発達の道筋を以下のようにとらえました。

体験（行動）→ イメージ → ことば（知識）

ひとはまず行動する。するとその行動のイメージが定着する。さらにそのイメージがことばや知識として定着していくのだということです。

「木登り」を例にあげましょう。そこに木があるから子供たちは登ります（なぜ山に登るのかと問われた登山家が、「そこに山があるから」と答えたという逸話に似ています）。登ってみると、木に登ることのしんどさ、困難さ、面白さがわかります。木の上で感じる風は清々しいと思うかもしれません。木登りのイメージが体験を通して定着します。これが「木登り」だと感得する。その後「木登り」ということばを聞くと、その時の感覚を思い出すことができます。経験に裏打ちされたイメージがちゃんと湧き上がってくるわけです。木登りの経験のないひとにとって木登りは想像上のものであって、実感はありません。

子供の時代は、何でも体験してみようとする意欲が思考の発達を支えています。逆に言えば、イメージできないことばを詰め込んだり、体験の伴わないイメージを押しつけたりしても、子供の思考は十分に発達しないということでもあります。

大人になるにつれて、ことばによってイメージでき、イメージすることで行動したように思えるようになっていきます。それは重要な力であって、小説を読んで感動できるのもそうした力あってこそです。しかし同じ小説を読んでも、深く感動できるひととできないひとがいるのも事実です。深く感動できないというひとは、ことばに対するイメージ、ひいては体験が不足していることもあるのではないでしょうか。

例えば「恋」ということばが小説のなかに出てきたとします。どんなことをイメージするでしょうか。もちろんひとによってバラバラでしょう。当然です。「恋」に関する経験がひとによって違うからです。共通するのは、それぞれの「恋」のイメージは、そのひとの体験から導かれたものであるはずだということです。「恋」

と聞いて、自分の体験がばーっと頭のなかにひろがり、その時の切ない気持ちを思い出して胸が締めつけられるとか、甘酸っぱいような味がするとか、世界が違って見えるとか、そういうことが自分に湧き起こってくるひとは、「恋」が描かれた小説を深く味わえるに違いありません。

時にことばを使って知識を与えるだけの保育に出会うことがあります。フラッシュカードで漢字を覚えさせるような指導はその最たるものです。それで鍛えられる部分もあるでしょう。しかしそのことによって失う部分に思いを馳せてみたいものです。幼い頃に「体験（行動）→イメージ→ことば（知識）」という思考の発達の道筋に合った教育や環境を十分に保障してこそ、少し大きくなって「ことば（知識）→イメージ→体験（行動）」という逆の思考をたしかに展開することができるのです。

ある幼稚園で、こんな保育に出会ったことがあります。四歳児のクラスです。

先生はダンボール箱を抱えて、保育室に入ってきました。子供たちは興味津々。箱を開けてみると、そこには立派な玉ねぎがグループの数だけ入っていました。葉っぱも土もついたままです。子供たちは大喜び。先生が近所の農家の方にお願いして、自らその玉ねぎを掘り起こしてきたのです。次に先生はグループの机の真ん中に黒い画用紙を一枚敷いて、そこに大きな玉ねぎを一つずつ置いていきました。子供たちのワクワクドキドキが、見ている私にも伝わってきます。

そこまでは良かったのです。そのあとがいけませんでした。子供たちは目の前に玉ねぎが置かれるやいなや、さっそくさわろうと手をのばすのに、その途端、「さわってはいけません」と叱られます。次のグループの机の上に置くとまた、その子供たちもさわろうとします。そのたびに、「さわってはいけません。さわると形が崩れます。絵に描けなくなるでしょ。それに土で手が汚れます」のくり返しです。

私のほかにも何人か参観しているひとがいたからか、先生は優しく叱るのです。ですから子供たちは言うことを聞きません。とうとうひとりの子供が少し玉ねぎの皮を剥いてしまいました。今度は「何度言ったらわかるの！」ときつく叱られてしまいました。そうなると子供たちはしぶしぶ言うことを聞きます。さわりたくてうずうずしながらも、おとなしく目の前の玉ねぎを見つめています。

つづいて先生は、玉ねぎの絵の描き方を説明しました。黒板に白い画用紙を貼って、緑の絵の具で葉の部分からお手本を描いていきます。子供たちはそれに従って玉ねぎを描いていきますが、そのあいだも、何人もの子が玉ねぎに触れようとします。そのたびに「形が崩れるでしょ。形が変わったら、みんなが絵を描けなくなるでしょ」と叱られます。

四歳児が目の前のものを見ながら描くということは、大人が強制しない限りありません。先生にまずその認識がないことが大きな問題なのですが、それよりも、さわってみたい、皮を剥いてみたい子供たちの欲求を抑え込んでいるのがよくありません。掘り起こしてきたばかりの玉ねぎを見たのは初めてという子供もいるでしょう。さわりたいに決まっています。全感覚を起動させて接してみたいのです。葉がついた、土までついた玉ねぎは、経験に開いている子供にとって絶好の教材です。せっかくのそんな機会を先生は取り上げてしまい、見ることだけに閉じ込めてしまっているのです。

可能であれば玉ねぎの苗を定植するところから子供たちに経験させてやりたいものです。自分たちで大切に育て、掘り起こし、保育室に運んできたい。それが無理なら、せめてみんなで皮を剥いてみたい。涙が止まらないのも経験させてやりたい。お鍋で煮込んでとろとろになるまでかき混ぜさせてやりたい。食べると甘いねってみんなで言い合いたい。それでこそ玉ねぎのイメージが豊かに子供たちのなかに定着し、「玉ねぎ」の知識、「玉ねぎ」ということばが持つ豊かさが身体に残っていくのではないでしょうか。

見ながら絵を描くなんて——ここではあえて「なんて」と言いますが——どうでもいいことです。そもそも、そうやって、全身、五感を通して対象に触れ合ったあとであれば、子供たちは、目の前に玉ねぎはなくなっていても、どんどん絵を描きます。

1・5 「目的、効率、計画に生きる」大人 vs.「今、過程に生きる」子供

私たち大人は、目的、効率、計画を大切にして生きています。社会人なら「PDCA」(Plan, Do, Check, Action) をしっかり回してこそ、よい仕事ができるのだと諭されます。その反面、目的、効率、計画にぐるぐるに縛られ、身動きのとれない状況に陥ってしまうこともあります。

一方、子供たちは徹底して「今」に生きています。純粋に「今」に溶け込んでいます。「ピアノの発表会が一ヶ月後にあるから、日曜日は休むにしても今日から一日十五分ずつ練習していき、一週間前から三十分に練習時間を伸ばし、三日前からは一時間にすれば、あせることなく当日の発表に間に合わせることができるな」

と考える四歳児がいたら気持ち悪すぎます。子供は、今やりたいことをしようとします。何かをやっていても他にもっとやりたいことが見つかると、今までやっていたものをほったらかしにして、新しいことをやりはじめます。

だいたい三歳児には、昨日とか明日という感覚すらありません。「去年の夏は暑かったね」とは思いません。子供には「過去」がありません。質的にも量的にも「過去」と呼べるほどの経験がないのです。「過去」がないので「未来」をイメージすることはできません。「過去」もなく「未来」もないわけですから、子供たちは「今」に生きるしかないのです。人生――というには短すぎる――のなかで「今」以外がまだ存在しないのです。それに引き替え私たち大人には「過去」があります。五十歳なら四十五年くらいの過去、二十歳でも十五年くらいの過去を実感しています。そういった過去という経験があるからこそ、「未来」を予測し、先のことでも現実味をもって考えることができるわけです。

文化人類学者の上田紀行が、『日本型システムの終焉』という本のなかで、次のようなことを書いています。

「意図せざること」を、当初の目的を阻害するものとして捉えるのか、それとも意外性に満ちた喜びと捉えるのかで、人生の質は異なってくる。（上田紀行『日本型システムの終焉――自分自身を生きるために』法蔵館、一九九八年、二三四頁。）

これは、私の「座右の銘」です（いささか長いですが）。

私たちは毎日何らかの目的に向かい、その目的に到達するための計画を練り、より効率的な方法でたどりつこうと進んでいきます。その途中「意図せざること」が起こって、進めなくなったとします。「今日はこの仕事を終わらせようと思っていたのに、思わぬ課題が別の方向から入ってきた」、「この時間はこれをしなければならなかったのに、ついほかのことに没頭してしまった」というような場合です。「意図せざること」は一見、単なる邪魔者です。しかし見方を変えると、「意図せざること」の出現は、目的に縛られていたことに気づくきっかけだとも言えるでしょう。

目的を持って効率よく計画的に物事を進めていくことも大切に決まっています。しかし、その目的から外れたところで、いいもの、価値あるもの、美しいものに出会えることは往々にしてあります。そのときに「あとでじっくり味わおう」などと思っていると、もう出会えないことがいっぱいあります。「意図せざること」を歓迎したときに、それが意外性に満ちた喜びであることに気づくことができるのです。

子供たちはそれを自然にやってのけます。彼らにはそもそも「意図せざること」などないのでしょう。目の前に起こることそのそれぞれが必然であり、関心の的なのです。

子供は「今」に生きています。目的、効率、計画に縛られることなく、自由に生きています。よい意味でいい加減に生きています。当初の目的など忘れて、そのとき楽しいなと思ったものにどんどん飛び移っていきます。効率などまったく考えていません。遠回りすることが自然なのです。本人は遠回りだとも思っていません。

造形活動をおこなう場面で考えてみます。**表1-2**を見てください。

一般的に大人は、まず描いたりつくったりするものの完成イメージ、言いかえると目的を持ちます。

表で言うと、①や②のパターンです。①は、まず目的を持って、次に材料を選び、行為に移します。②は、まず目的を持って、試しながら、材料を選んで完成に向かう。いずれも目的からのスタートです。ごく普通のことだと思うでしょう。しかし、絵を描くこと、ものをつくることが、はじめにイメージしたものを、選択した材料や行為によって実現させるものだと考えるのは、いわゆる大人の感覚です。目的にまず縛られています。はじめに目的を定めるルートは、さまざまな造形過程のひとつにすぎません。

子供たちの造形過程は、①や②のパターンにとどまりません。むしろ、③や④、⑤や⑥のパターンの方が多いのです。子供は、材料を見たり、手にしたりするところからはじめたりします。拾い上げた木片の形を見て、ピーンときて、曲げたりくっつけたりして動物に仕上げたりします（③）。

あるいは、粘土に触れて、こねているうちに、「いいこと考えた！」と言って、付け加える木の実を取りに行き、お城ができたりします（⑤）。

時には目的が最後にくることもあります。材料に触れて、行為を起こして、その結果できあがったものを「～だ」というふうに意味づけることも往々にしてあるのです（④）。

できあがった（ように見える）何かに対して、大人が「これは何？」とたずねると、子供はしばしば答えてくれないことがあります。なぜなら、何かをつくろうとあらかじめ考えていたわけではないからです。もしくは、「うーん」と考えたあとに「～だよ」と答えてくれることがあります。それは、たずねられた時点から考えはじめて、できあがったものに意味をつけてくれているのです。大人の問いに、つき合ってくれているわけです。

表1-2　さまざまな造形過程

① 目的 → 材料 → 行為
② 目的 → 行為 → 材料
③ 材料 → 目的 → 行為
④ 材料 → 行為 → 目的
⑤ 行為 → 目的 → 材料
⑥ 行為 → 材料 → 目的

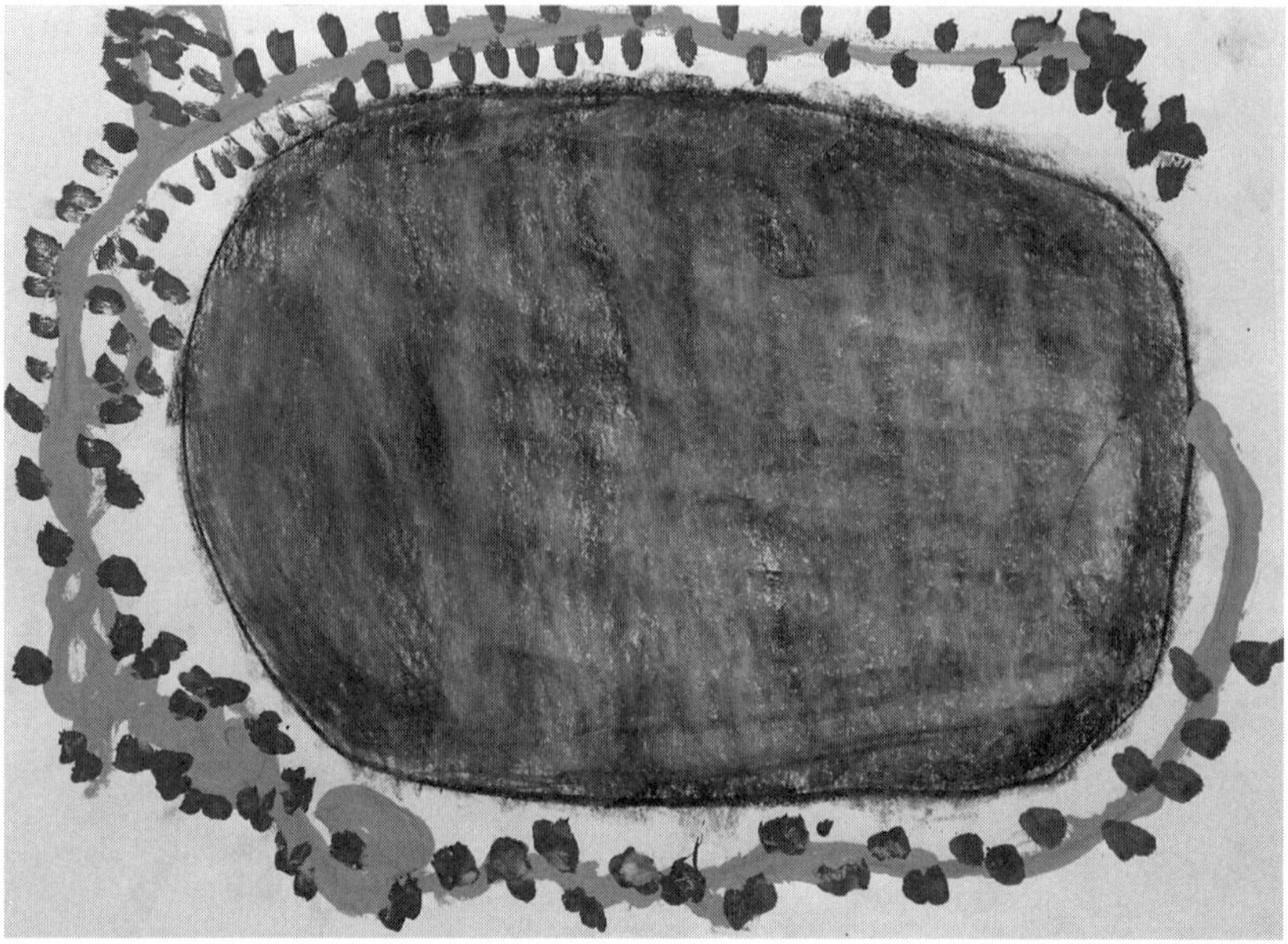

1-12「でっかいおいも！　つるもながいよ」
（5歳）

子供たちは、材料からスタートしたり、行為からスタートしたり、自由自在です。また、目的に縛られてはいませんから、当初の目的を途中で変更することも厭いません。むしろどんどん変化させて、当初の目的など忘れてしまったかのように過程に溶け込んでいます。

当初に目的を持って描く場合でさえ、子供たちの絵を見ると「今」に溶け込んでいることが確認できます（図1-12）。この子は、とにかくその大きなお芋に関心があり、それを描きたかったようです。ですから画用紙の中央に、ばーん！とお芋を描きました。とにかくお芋を描きたい。そして、その「今」の気持ちを描きだしました。大きく描いてしまったのです。さて、描き終わると、蔓が描きたくなりました。けれども今やスペースはほとんど残されていません。それでもこの子は描きたかったのです。「今」はもう蔓のことが関心の的です。その限られたスペースのなかに、長い長い蔓を描きました。ていねいに蔓のヒゲをたくさん、好きな赤色で描きました。狭いので描くのがたいへんだったのですが、一生懸命描きました。

大人なら、蔓のことを考えて、お芋はもう少し控え目な大きさで描いておくでしょう。あとのことを考え、今に向かいます。子供は違います。今だけに向き合っています。

つけ加えておくと、そんな子供だからこそ、これほどまでに見事な構成の、ダイナミックな絵に仕上がるのです。本人はできあがったときの構図など考えていません。もう少しお芋を小さく描いて、蔓を描くスペースを十分に確保していたとしたら、それは実物には近いかもしれませんが魅力に欠けた作品になったことでしょう。

ここまで、五つの観点で、「大人」と「子供」を比較してきました。いわゆる大人と子供では、生きている世界がずいぶんと違います。単なる比較を超えて、まるで対決しているほど逆サイドにあるように感じられます。しかし、いずれ子供たちは、気づかぬうちに大人の世界へ移っていきます。大人は、子供のことを学び直して初めて、自分のなかから「子供」が消えていってしまっていることに気づかされます。

私が教えている大学生たちは、自分たちのことをまだまだ子供だと考えていて大人との距離を感じているようなのですが、こういう話をすると、多くが、「ああ、私はすでに、完全に大人化してしまっている！」と嘆きの声をあげます。けっこうショックを受けるようです。保育者や小学校の先生を目指す学生たちの「自分はまだまだ子供だから、子供の心がよくわかるはずだ」という自信が一気に揺らぐようです。とてもいいことです。子供は、学び直さないとわからないものだということに気づくのです。それに気づいて初めて、教育学部や保育学科で学修することの意味に目覚めるのです。

大人化してしまっている自分にショックを受けつつ、前を向こうとする学生のノートを紹介します。

僕は知らず知らずのうちに大人化してしまったようだ。今回（授業のこと）、ハッとさせられることが多すぎて少し打ちのめされている。目の前にはいつも新しい世界がひろがっているのに、いつも通りの方法、いつもの行動をとって日々生活していることがとてつもなくつまらなく感じた。今思えば子供の時は毎日がシゲキだらけで、本当に楽しかった。そのころのワクワク感を取り戻すべく、足下の石ころにも注意を向けてみようと思う。

さて、本章の最後に確認しておきたいことは、子供は「自分と世界が一体化している」ことも、「全感覚を起動する」ことも、『あるがまま』からスタートする」ことも、「体験に開いている」ことも、「今、過程に生きる」ことも、子供の「未分化性」という性質として説明できるということです。子供は、自分と世界の境界が曖昧です。見ること、聞くこと、さわること、嗅ぐこと、味わうことをそれぞれ切り離して機能させることもありません。生きているものとそうでないものの区別をしません。自分と他者が分離していません。人間と人間以外という分類をしません。見えるものと見えないものの区分がありません。想像することと体験することを別々にとらえません。昨日と今日と明日の認識がぼんやり溶け合っています。つまり、時間的にも空間的にも、あるいは歴史的にも社会的にも区別というものがなく、およそ一切のことが未分化です。本当は、本章で述べた「五つの側面」についても、子供のなかでは未分化で、大人である私が分けてしまった仕業です。

この「未分化性」というのが、次章で「子供」と「美術」の関係を読み解いていくときのキーワードとなりそうです。なぜなら「子供」と「美術」は、この性質において重なり合うからです。

2

「子供」と「美術」

一章では、「子供」と「大人」を対比させることで、子供の世界を見てきました。次は「子供」と「美術」です。世界の名画やたくさんの芸術家たちが登場します。「美術」と聞いただけで、「むずかしそう！」「絵を描くのは苦手」などと尻ごみするひともいるかもしれませんが、美術はさきほどまで見てきた子供たちの造形の延長線上にあるものです。保育所・幼稚園・こども園では「造形」、小学校では「図画工作」、中学校からは「美術」と名称が変化していくので、造形から美術へ変化していくことが、まるで高尚なものに上がっていくように考えられがちですが、そんなことはありません。

「造形」とは、文字通り「形あるものを造る」という意味で、造形活動とは、形や色、材料を介しておこなう表現形態をさします。ここには「美術」が意味するものも含まれますが、「造形」には、よりひろい意味があり、形や色、材料とかかわっていくことそのものを目的とする活動や、自覚的に作品をつくるわけではない場合も含みます。砂場で穴を掘るのも、空き箱を並べるのも、新聞紙をちぎるのも、造形活動なのです。ものを壊していく活動を「マイナスの造形」と呼んだりもします。保育所や幼稚園等における子供の造形活動は、必ずしも作品をつくることを目的としない場合も多いのです。

一方、「美術」はもう少し自覚的な、「発見した美を他者に伝えるための技術」ととらえられます。立体をつくったり、絵を描いたりするだけでなく、名画・名作を鑑賞したり、作品から受けた感動をことばにしてひとに伝えたり、作者の気持ちを想像してみたり、そういった芸術全般にかかわる活動が美術と呼ばれます。

しかし、教育の場で「造形」と「美術」を切りはなして考えて、「子供」を「美術」から遠ざけてしまうと、「子供」と「美術」の重要な重なりを見落としてしまうことになります。

表2－1を見てください。一章のはじめで見た表の「子供」の部分と、今

表2-1 「子供」と「美術」

子供	美術
自分と世界が一体化している	自分と世界を一体化させる
全感覚を起動する	全感覚を起動させる
「あるがまま」からスタートする	「あるがまま」からスタートする
体験に開いている	体験に開いていく
今、過程に生きる	今、過程に生きる

度は「美術」を比べてみます。

「何のことだ?」という感じですが、「子供」と「美術」はピタリと一致するのです。つまり、美術は「自分と世界を一体化させる」活動であり、「全感覚を起動させ」、『あるがまま』からスタートする」ものであり、「体験に開いてい」き、「今、過程に生きる」行為だということです。ひとつひとつ確かめていきたいと思います。

2・1 美術は「自分と世界を一体化させる」活動である

フランスの画家ポール・セザンヌは、のちの画家たちに大きな影響を与えたことで「近代絵画の父」と称されるほどの偉業を残しました。彼は故郷の南フランスにあるサント・ヴィクトワールという山の絵を、飽きることなく何枚も何枚も描きました。その数は八十を超えます。あるいは、岸田劉生は、十数年にもわたって、長女麗子の肖像を油彩、水彩、コンテなどでくり返し描いています。エドガー・ドガと言えば踊り子の連作、佐伯祐三はパリの街角……。多くの天才が、ひとつのモチーフを執拗なまでに追いつづけています。なぜそれほどまでに同じモチーフを描く必要があったのでしょうか。ふつうに考えると、新しい対象に向かっていく方が楽しそうです。しかしそこには、徹底して描くことによって対象と渾然一体になろうとする画家の格闘の痕跡が見て取れます。ひとつの対象に徹底して向き合うことによって世界に溶け合おうとする意志が感じられるのです。

詩人ジョアキム・ガスケは、著書『セザンヌ』のなかで、セザンヌが対象（サント・ヴィクトワール山）にどのように対していたかを記しています。セザンヌは、画家は対象物をそのまま、あるがまま受容する感光板でなければならないと言います。「対象物」と「私」は「互いが互いに含まれている」と言います。見るもののなかに自分が飽和され、「私は自分の絵と一体になる」と述べています。また、その末にこそ「私は風景から少し離れ始め、風景が見えて」きて、そこで初めて、遷りゆく世界という現実のなかで、その一瞬を描きだせると言うのです（ジョアキム・ガスケ『セザンヌ』、與謝野文子訳、岩波文庫、二〇〇九年、二二〇～二二五頁。）。

私も絵を描いていますが、島根県に赴任していた時は、その自然や風景をモチーフにしていました。最初は宍道湖の夕景を描きました。宍道湖は日本で有数の夕景の名所です。かの小泉八雲や田山花袋も、その神々しい夕日を愛しました。くる日もくる日も夕方になると、宍道湖に通います。その美しい夕景を見ながら、まるでその風景と自分が溶け合うような感覚を味わう、至高のひとときを過ごします。私が夕景を見ていながら、夕景が私を見ているような不思議な感覚です。まさに美的体験そのものです。やがて自分と世界がしっかり強くつながっていると感じる瞬間がおとずれます。そこで初めて宍道湖の夕景を描けるという確信を持てるようになります。

実際に描き始めると、私がその場で感じたことが、私の感覚を通して、つまり私というフィルターを通して、画面にあらわれます。自分がとらえた自分だけの宍道湖の夕景がそこに出現します。同時に、そこに私は新しい宍道湖の夕景を発見します。その出会いは、新しい自分との出会いでもあります。その一連の過程こそが、絵を描くという行為です。

名古屋に住んでいた時は、夜景をいくつも描きました。ここでも描けるようになるまでに、ミニバイクで夜の街を走り回り、摩天楼を見上げたり、路地にしゃがみこんだりして、私にとっての本当の街の姿に出会えるのを待ちました。神戸に暮らしている今は、自転車で、突堤、異人館、中華街、飲み屋街をめぐっています。いろいろなものに手で触れて、世界とつながり、溶け合います。そうして、神戸の海、船、街を描きます。美術を通して世界と一体化し、世界が拡大していく、そしてあらためて自分と出会う、あるいは新しい自分に出会うのです。

「自分と世界を一体化させる」とは、その境界が未分化状態にあるということです。美術とは、主体である私と客体である対象を未分化な子供の頃の状態に「回帰」させることであるとも言えるわけです。フランスの哲学者、モーリス・メルロ＝ポンティは、セザンヌのサント・ヴィクトワール山の連作を引き合いにしながら、絵画は「本質と事実存在、想像的なものと現実的なもの、見えるものと見えないものといった私たちのカテゴリーすべてをかき混ぜてしまうのである」（モーリス・メルロ＝ポンティ『メルロ＝ポンティ「眼と精神」を読む』富松保文訳・注、武蔵野美術大学出版局、二〇一五年、一〇三頁。）と述べています。

自分と世界を一体化させていく美術という活動と、一章で見た子供の世界が非常に近い関係にあることが理解されます。

2・2 美術は「全感覚を起動させる」活動である

絵を描く時に、その対象と仲良くなり、自分だけの対象と出会うためには、目で見ているだけではなかなかうまくいきません。私は風景を描くために、現地へ赴き、そこに自分の足で立ち、まずはしっかり見ます。そして、空気を味わい、風を感じ、周囲の音に耳を澄ませ、においを嗅ぎます。全身、全感覚を起動させるのです。

以前は路上でヨーロッパなどの風景写真を見ながら油絵を描いて、その場で売っているひとをよく見かけました。たしかにきれいに描かれていますが、残念ながら心を打ちません。「上手いだけ」なのです。一瞬は立ち止まりますが、長く見ていたいとは思わないのです。今なら、インターネットを使って世界各地の風景写真を簡単に手に入れることができます。でもそれではその風景や対象と本当には出会えていないのです。自分に感動が起こらなければ、他者に何らかの感情をひき起こすことなどできません。

美術は視覚芸術であり、空間に立ち現れる芸術ですから、それは目に頼っている分野のように感じられます。しかし表現するにあたっては、まず、対象やモチーフに対して五感をフルに起動させてかかわることが前提となるのです。

それは制作の過程においても言えることです。描きながら、つくりながら、作者は自らの五感をフルに動員します。手触りや肌触りをたしかめながら、作品の声を聞き、味わいながら進めていきます。

例えば、希代の彫刻家高村光太郎は、触覚がもっとも根源的な感覚であるとして、彫刻こそが根源的な芸術であると主張しました。彼はすさまじい「触覚人間」だったようで、磨いた鏡の面の、ほんの微細な凹凸を指で感じとり、まるで船の揺れのように快いめまいを感じたそうです。

また彼は、五感の境界がはっきりしないと言っています。空の碧さにキメを感じとり、秋の雲の白さを材木の光沢、春の綿雲を木曾の檜の板目と対比させ、視覚と触覚を融合させるのです。さらに、色彩は、光波の振動が網膜を刺激する触覚であり、色のトーンを、ガラスの破片を踏んだときの痛さとしてとらえたりしています。音楽を聴くことは音に全身が包まれ、叩かれることであり、香りは微分子が鼻の粘膜に触れることであり、味覚は味的触覚だと主張します（高村光太郎「触覚の世界」『昭和文学全集 第4巻』小学館、一九八九年、初出『時事新報』一九二八年。）。触覚を駆使して世界に対しているからこそ、あれほどまでにリアリティのある作品ができあがるのでしょう。そのリアリティとは、「見る」ことを遙かに超えた境地です。

さらに、美術を鑑賞する際にも、よい作品は鑑賞者の全感覚を刺激してくれます。

かつてパリのオルセー美術館で、アンリ・ルソーの《蛇使いの女》の前に立ったときのことを思い出します。温度と湿度がじっとりと高まり、絵のなかの女性が吹く妖しい笛の音が聞こえてきました。ニューヨーク近代美術館で見たアンドリュー・ワイエスの《クリスティーナの世界》の前では風が吹いていました。枯れ草のにおいもしました。葛飾北斎の《山下白雨》からは、ゴロゴロ、ザーッと雷と雨の音がしてきます。ルネ・マグリットの《これはリンゴではない》に描かれたリンゴの赤い部分には甘味を覚え、下部の緑色の部分を見ていると口のなかにすっぱさがひろがります。ライオネル・ファイニンガーの作品群は光を放っていて眩しいのです。

ここでも、全感覚を起動させる子供の世界と美術との共通項を見出すことができました。

2・3 美術は「『あるがまま』からスタートする」活動である

空は何色でしょうか？ 地面は、山は、何色でしょうか？ ――空は決して青ではありません。地面は茶色ではありませんし、山は緑ではありません。空を見上げてみれば、実際にはもっともっと複雑で微妙で不思議な色をしています。朝と夕方でもまったく違う色をしています。夜の闇のなかでは、青や茶色という色自体が存在しません。空は青だと頭のなかで概念化して、ためらいなく青色の絵の具に手を伸ばしているようでは、目の前のあるがままを見落としてしまいます。絵の具の茶色と同じ色の地面など、一度もお目にかかったことがありません。ビリジアンの山もどこにもありませんし、カーマインのタコもいません。

オランダの画家、ヨハネス・フェルメールとそのモデルとなった少女を描いた『真珠の耳飾りの少女』という映画があります（ピーター・ウェーバー監督、二〇〇三年）。そのなかで、コリン・ファース演じるフェルメールと、スカーレット・ヨハンソン演じるグリートが、窓から雲を見上げながら色彩について話をする、静謐で美しい場面があります。グリートがフェルメールの問いかけによって、あるがままの空の色を発見していく、とても短いですが、意味の豊かなやりとりです。

フェルメール「何色だ？」
グリート「白です……。いえ、白じゃない。……。黄色。ブルー……灰色。色が混じっています。」
フェルメール「わかったね。」

ここでフェルメールは、グリートが優れた色彩感覚の持ち主であると確信し、絵の具の調合などの仕事を手伝わせるようになります。やがて二人は惹かれ合い、彼女をモデルとした《真珠の耳飾りの少女》という名作が生み出されていくという物語のワンシーンです。

固定観念にとらわれていると、「事実」を取り違えてしまいます。あるがままからスタートするのが美術です。空に浮かぶ雲には、よく見ていると、灰色はもちろんのこと、黄色や緑、紫など、さまざまな色が見えてきます。白だと思い込んで疑わないと、やはり白にしか見えなくなってしまうのです。

優れた画家の表現では、雲は決して真っ白ではなく、ことばでは言い尽くせない微妙な色合いがそこに描きだされています。そんな表現に出会った時こそ、鑑賞者はそこで真実の雲に出会うのです。そして、はっとするのです。「そうそう。これこそ私が見た白い雲！」と。白く塗っていないわけですから矛盾しているようですが、そこに本当の雲の白さを感じるわけです。

藤田嗣治が描く裸婦像の肌の白を見つめてみましょう。モーリス・ユトリロが描くパリの街の白壁を見つめてみましょう。上田薫が描くスーパーリアリズムの玉子の殻の白を見つめてみましょう。見事なまでに、それぞれ違う白です。白というひとつのことばだけでは到底あらわしきれない白が存在することに気がつきます。白とはこんなに豊かなものなのかと感激します。それは赤でも黄でも青でも黒でも同じことです。水墨画の世界には「墨に五彩あり」ということばがあります。

優れた画家は、あるがままからスタートして、概念にとらわれていません。マルク・シャガールが顔を緑に塗るのも、フィンセント・ファン・ゴッホが地面を黄色く塗るのも、嘘ではないのです。それらは時に、誇張ややり過ぎに映ることがあります。「本物らしくない」と感じるそれらの表現も、見方が深まれば、それが人間の真実や風景の本当の美しさを私たちに示してくれていることに気づきます。その時にこそ鑑賞者は、えも言われぬ喜びに満たされるのです。

またここでも、「あるがまま」に世界をとらえる子供の世界と、概念から自由であろうとして物事の本質にアプローチする美術という活動とが、非常に近い関係にあることが理解されます。

2・4 美術は「体験に開いていく」活動である

美術は体験に対して開いていく活動です。何でもやってみる。とにかくやってみる。見ているだけ、考えているだけではなくて、とにかく行動してみる。そうしなければ対象を新鮮にとらえることはできません。いつも同じアプローチの仕方で同じように描いていても、よい作品は生まれません。美術とは同じものを大量生産していく活動ではないのです（あえてそれをねらう制作もありますが）。そのためには何でも体験してみようとする態度や姿勢が重要になってきます。古い自分から抜け出し、新しい自分を追い求めるのです。新しい自分に出会うために作品をつくっているとも言えると思います。

私が制作をする際にも、まずは材料に触れてみる、素材と戯れてみる、技法をいろいろ試してみる、とりあえず線を描いてみる、面を塗ってみるということから始めることが多いのです。そのなかで、新鮮な感触、新しい気づき、美しい線、形、色というものに出会い、それらが自分に刺激を与えてくれて、何かがひらめくということがよくあります。頭で考えて悩んでいても、頭のなかで形や色、構図や配置は決定しません。手を動かしてみないと「何か」に出会えないのです。遠回りしているようで、実はそれが近道であったりします。

何でもやってみようとする、あるいはやらずには我慢できない子供が、さまざまに試してみる、行為を起こしてこそ次が誘発される美術という活動と、非常に近い関係にあることが理解されます。

ここで少し、保育所、幼稚園、こども園、小学校での造形／美術教育について触れておきたいと思います。保育所、幼稚園、こども園の造形表現活動、また小学校の図画工作科のなかに、「造形遊び」という学習内容があります。これは「色・形・材料や場所と直接関わり、働きかけていく、その過程を大切にした造形活動のことであり、遊びとしての性格（遊び性）をもつもの」です。言いかえると、必ずしも作品になるとは限らない、色や形、材料と格闘する、その過程を楽しむ活動ということになります。

2-1 とにかく釘を打ってみる

この「造形遊び」は、小学校一年生から六年生まで図画工作科の学習指導要領のなかに位置づけられた学習内容です。「遊び」なのに「学習」です。絵や立体・工作と並んで、大切な図工の柱のひとつとして扱われています。あるいは、それらを支える基盤としての活動とされています。まずは目の前の材料に触れてみて発想する。砂や粘土に触れてみて、そこから思いついた活動を展開していく。そして、こうしてみたい、ああしてみたいというようにやりたいことが湧いてきて、そのやりたいことを実行する。このような「造形遊び」は創造活動の基礎となります。

図2-1を見てください。女の子が一生懸命、木片に釘を打ちつけています。小さな机をつくっているのでも、ブックエンドをつくっているので

もありません。そこに木片があり、釘があり、金槌があるので、釘を打って木片をくっつけてみたいと考えただけです。そのあとくっついた木片を見て、ひらめいて、何かをつくろうとするかもしれません。しかしまずは、やってみるという体験が先行しているのです。図2-2の男の子たちの活動も同じです。砂があり、水があり、半分に割った竹筒があるから、砂を掘って、水を流してみたくなるのです。そのあとに、「ダムになったよ」「町ができたよ」と言うかもしれませんが、それはやりたいことをやってみた結果です。

釘を金槌で打っているうちにつくりたいものがひらめく。砂場で穴を掘っているうちに穴をつないでみたり、水を流してみたりしたくなる。体験に開き、やりたいことが次々と浮かんできて没頭して遊んでいる子供たちの姿は、大人が芸術活動に取り組んでいる姿とまったく同じです。

2-2 とにかく水を流してみる

2・5 美術は「今、過程に生きる」活動である

「美術は、『今、過程に生きる』活動である」と、こういうふうに書くと、違和感を覚えるひともいるのではないでしょうか。保育者や教員を目指している学生たちも「え? 美術って作品を仕上げることが目的ではないのですか!?」と口をそろえて言います。しかし実は美術とは、描いたり、つくったりしている、その行為そのものこそが目的である活動なのです。

絵を描いていると、途中で「あ、やっぱりこうしよう」と路線変更することが度々あります。描いていて、そこに何らかの色や形があらわれると、その色や形が次への発想を生むことがあります。「あ、いいこと考えた!」というときです。子供もよく言いますよね。ちなみに、学生たちも授業中、よく言います。美術は、しっかり目的を持ち、計画的にあらわしていくことだととらえられているかもしれませんが、必ずしもそうではありません。描きながら考えているのです。描くことが考えていることなのです。美術とは「今」に向き合っている行為なのです。

かのパブロ・ピカソが描きながら考えていたことは有名です。完成した作品を見ると、あらかじめそう描こうと計画的に描かれたように見えますが、塗り込められた油絵の具の下には、完成までの格闘の軌跡としての色や線がたくさん隠されています。X線などで調べてみると、ピカソが描きながら考え、修正を加え、それをくり返して制作していたことがわかります。いちど完成した絵を一面一色で塗りつぶして新作を描く画家はたくさんいます。カンヴァスを買う経費の節約や、たくさんの作品を置いておく場所の問題もあるでしょうが、描く行為こそが目的なのですから、塗りつぶしたってかまわないわけです。

また、もし美術という活動の目的が作品を完成させることだとしたら、画家は、満足のいく、良い作品がひとつ仕上がったらもう描く必然性がなくなりそうなものです。しかし、そうはなりません。ひとつの作品のなかに自分の思いのすべてをぶつけ、最高の達成感を得てもなお、また描きたくなるのです。それは描いていることそのものが目的だからです。「過程」がすなわち「目的」なのです。終わりはありません。

実際、絵を描き、ひとつ作品が完成すると、すぐにまた自分の前に描きたいことや描かなければならないことが出現してきます。ひとつの制作が次への動機を生みます。そうして連鎖を起こしていくのです。そのようにして、描くことで新しい自分、新たな世界と出会いつづけていくのです。その過程がなんとも喜びに満ちているので、また描きたくなるわけです。私が、自らの制作を振り返ってみても、描いているという「過程」だけが自分の前に差し出されているかのように感じます。

横尾忠則さんは先に紹介した講演のなかで「目的を持つこと」の危険性についても述べられました。「芸術は目的を持ってはいけない。画家は内面をあからさまに表出していくことが大切である。その時にこそ、それを見ている者が気持ちよくなるのである。そういう絵の前に立ったとき、見ている者は心が解放されるのだ。また、目的を持つとは、前を見通そうとする行為と重なってくる。前を見通そうとすると、今、目の前のことを大切にできなくなる」。

目的というものを排除したときに芸術性が輝いてくるのだ、と。そして、その時に今を生きることの充実感が生まれてくるのだ、と。

レオナルド・ダ・ヴィンチを知らないひとはいないでしょう。人類が生んだ最高の天才と言えると思います。

建築、彫刻、気象、天文、生物学、航空学、医学……と、彼の研究の範囲はとどまることを知らず、まるでスーパーマンです。ところが彼の絵画作品は、実は数えるほどしか残っていません。作品として残されたものが非常に少ないのです。しかもそのすべてが未完成だと言われています。いったいどういうことなのでしょう。彼ほどの天才ですから、完成させることはできたはずです。しかし、完成しなかった。いや、させなかったのではないか。

かの有名な《モナ・リザ》も、左手と髪が未完成です。背中のリュックに入れて生涯持ち歩いたと言われ、四年ものあいだ描きつづけながら未完成なのです。なぜ完成させなかったのでしょうか。興味や関心が次々と新しいことに移っていったからでしょうか。想定する完成レベルがあまりにも高かったからでしょうか。たしかなことはわかっていません。しかし私は、ダ・ヴィンチは未完成にしておくことで、作品と自分との関係を保持し、いつまでも描きつづける、その今を大切にしていたのではないかと考えています。

私も絵を描きます。作品は一応、完成します。そして完成したと思った途端、作品が自分から離れていくような感覚を味わいます。最後の一筆を入れるやいなや、パンッ！と自分から離れていくのです。あとは作品がひとりで歩き出します。さっきまで自分の作品だったのに、できあがったら関係が切れてしまうような感じです。手塩にかけて育ててきて、成長すると自分の手元から自立していく子供のようです。そして、作品は見るひとにいろいろなことを語り出します。勝手にしゃべり出すのです。もう作者である私の手には負えません。展覧会や個展などで私の作品を見たひとがいろいろな感想を話してくれます。私が意図したこと、作品に込めたことをそのまま感じてくれることもありますが、まったく違うこともあります。いいえ、その方が多いのです。私が思いもかけないようなことを作品のなかに発見してくれることがあります。「そういう見方もあるのか」

と作者である私が驚くのです。

それは大きな喜びではありますが、私にはかかわりようのないことなのです。無責任に聞こえるかもしれませんが、この表現がピタリときます。完成して他者の前に差し出された作品は、もう私のものではありません。見るひとのものです。自立したひとつの存在です。できあがりを楽しみにしながら描き、また、できあがったときはたいへん嬉しいのですが、その作品との関係はそこで終わりです。その淋しさを感じながら、また次の作品を構想します。

そこで思うわけです。ダ・ヴィンチは、作品を仕上げないことで、ずっと自分と作品との関係が切れないようにしたのではないかと。まだ描いている途中なら、誰が何と言おうがその描きかけの作品は作者のものです。作者が最後の一筆を入れない限り、それは作者から離れようがありません。ダ・ヴィンチにとっては作品を完成させるのが目的ではなく、「今」を感じつづけることが重要だったのではないかと思うのです。そのように想像してみると、少しだけダ・ヴィンチに近づけたような気がします。ただ私は、相変わらず作品を仕上げてしまいますが。

ここでもまた、今に生きる子供たちと美術が非常に近い関係にあることが理解されます。

保育所や幼稚園、こども園、小学校で取り組まれている「造形遊び」は、子供の「今」を大切に保障する活動でもあります。この活動の評価では、過程が重視されています。必ずしも作品として残るとは限らないからです。作品になったものだけを評定するという過去の美術教育の作品主義への反省から生まれた学習内容でもあります。もちろん、目的や計画をもってはいけないということではありませんが、「今」や「過程」を重視した活動として、もっと園や小学校で取り組まれるべきです。子供を理解し、子供の発達段階を大切にした教育理念がそこに込められているからです。

しかし、残念なことに、この「造形遊び」が、すべての保育所、幼稚園、こども園、小学校においてその意義が十分に理解され、積極的に取り組まれているとは言えない状況があります。「目標が何かわかりにくい」「どのように指導したらいいかわからない」「どう評価したらいいかわからない」といった声や、作品ができあがらず「ゴミばかりが出る」などといった無理解があるのです。これに反論するのは本書の目的ではありませんので他に譲りますが、「造形遊び」が、子供側の論理から設定されているということは知っておくべき大切なことだと思います。

これで、「子供」と「美術」には重なり合う部分が多いということに合点がいったと思います。また、これらの五項目のいずれにも「未分化性」が貫かれていることが確認できます。自分と世界が分かれていない、五感は独立して働いていない、想像することと実際にやってみることの壁がない、概念に縛られていない、過去・現在・未来の区分のなかで生きていないということです。すなわち、「美術する」ことで、未分化性への回帰、未分化性の回復ができるのです。子供と美術は未分化性という側面においても重なり合うことになります＊。

ここにきて、「美術」という活動を高尚なものとしてかまえる必要はないことにも気づくでしょう。くり返しますが、保育所・幼稚園等だから「造形」、中学校以降は「美術」に発展するということではないのです。むしろ小さな子供たちの「造形」は、芸術家の「美術」に近いということをご理解いただけたと思います。

子供は造形／美術に取り組むことによって、自分らしさ、すなわち子供らしさを発揮できます。子供が子供という「今」を十分に満喫することができる活動としてピッタリだということです。子供は造形／美術によって、子供時代を颯爽と謳歌することができるのです。造形／美術は、子供が、子供として、子供時代を、子供らしく生きることのできる大切な活動なのです。

だからこそ、子供たちには造形活動を保障していかなければなりません。造形活動を提供することで、ちゃんと子供をすることを守っていかなければならないのです。

保育所や幼稚園、こども園に、砂場があるのも、積み木があるのも、お絵かき用の画用紙が置いてあるのも、子供たちにパスを持たせるのも、そういう理由があります。また、「保育所保育指針」や、「幼稚園教育要領」、「こども園教育・保育要領」のなかの「表現」という領域に、いろいろな素材に触れながら、感じたことや考えたことを自由にかいたり、つくったりすることを楽しむと記され、それを指導・援助していかなければならないものとして設定されているのも理解されます。

ところが現実は、子供の世界や子供の造形への無理解から、大人の感覚で子供たちを指導してしまっているケースがあまりにも多いのです。二歳には二歳、三歳には三歳、五歳には五歳の「今」を十分に謳歌させてこそ、子供は自分の力で次のステップへ上がっていけるのだということの理解が弱いのです。大人はすぐに子供に教えたがります。世界と子供を切り離そうと画策し、「しっかり見なさい」とくり返し、チャレンジすることを余計な動きとして封じ込め、概念化を進めることを絶対的によしとし、決められた目的に向けて計画的に効率よく進ませようとします。

教育や保育の方法にばかり目を向け、それが子供のためであると錯覚し、目の前の子供が見えていないのです。子供たちの世界やものの見方、とらえ方、あらわし方を知らずして、方法を学ぶことは危険です。子供を指導しようと考える前に、「子供理解」が最初であるはずです。

さて次章では、いよいよ子供の造形についての理解を深めていこうと思います。子供の造形を理解することは、子供の世界を理解する上でたいへん有効です。

＊美学者、井島勉（一九〇八～七八年）は、大人と子供の芸術の差異について以下のように述べている。「おとなたちは、（……）自他の分化、人間と自然との対立、精神と肉体との分裂、理想と現実との背反、思想と思想との相剋など、多様を極める区別を知っている。かかる区別の意識が、自覚ある人間の免がれ難い悲哀と苦悩の源泉でもある。一切の区別を知らないこどもたちの生が常に楽天的であるに反して、区別を知りつくしたおとなたちの実存は、根源的に深い哀しみと苦しみを背負っている。芸術家たちは、（……）この区別に根ざし、しかもこの区別を超えて、自己と対立するものとの合一の世界、いいかえれば、そのような合一として自覚される生の表現を築こうとする。美の名において如何に典雅であり華麗であっても、その根源は深く人間の哀しみに通じるものがある（……）。（……）おとなの芸術は、明確な区別の意識の上に憧れられる合一の世界、意識せられた合一の世界であり、こどもの芸術は、いわば無意識の合一の世界である」（『美術教育の理念』光生館、一九六九年、七一頁）。

大人の芸術は、分化した世界を苦しみつつ擦り合わせていく活動、子供の芸術はまだ分化する前、喜びに満たされた心と身体が無自覚に統合している活動といったところか。

3

子供の造形

一章と二章で、子供の世界、子供と美術の親和性、また、子供が子供として子供時代を子供らしく生きるために造形／美術が大きな役割を担っていることを述べました。ここからは、子供の造形をじっくり見ていくことにしましょう。この章で、いちだんと子供理解が深まると思います。

子供の造形へのアプローチには四つの側面があります。「発達」、「特徴」、「美」、「心理」です。本来それらは独立しているものではありませんが、そのことをふまえつつ、さまざまな角度から照らし出してみることで全体が見えてきます。

では、ひとつずつ見ていくことにしましょう。

3・1 「発達」という側面からのアプローチ

前述したように、造形といってもその範囲はたいへんひろいのですが、ここでは、そのなかでも発達がもっとも理解しやすく、かつ興味深い「絵」について注目してみます＊。

不思議なことに、どの子供の絵も同じ道筋に沿って発達していきます。日本の子供も他のアジアの子供もヨーロッパの子供も同じなのです。心身の発達と同様と考えれば不思議なこととは言えないのですが、どの地域のどの子供も、三歳なら三歳の絵を、五歳なら五歳の子特有の絵を描くのを実際に目の当たりにすると、やはり神秘的な気持ちが湧いてきます。ちなみに、その土地の文化や風土といったものが絵に影響するのは、小学校中学年以降です。

さて、ここで注意しなければならないことがあります。発達というと、私たちはつい、「知識の量が増える」とか「できることの数が増える」というふうに考えがちです。しかし発達とは、できることが拡大していくだけではなく、違った形に変化していくことも意味しています。量的変化よりも、質的変化こそが重要です。そのことが理解されていないので、大人は子供の能力の量を増やすことばかりに傾注してしまうわけです。

もちろん、子供によって、発達のスピードは違います。早い子もいれば、ゆっくりした子もいます。それは当然のことです。それでも、このあと述べていく発達の道筋そのものは共通しています。時にその過程が退行することはありますが、ある段階をスキップして次の段階へと飛び越えていくことはありません。子供はそれぞれ個性的な存在ではありますが、完全に個々バラバラではなく、共通しているところがあります。ですから、子供理解は個々の子供の特性を離れても可能なのです。

◉一歳頃～三歳頃までの「なぐり描き期」……横、縦、ぐるぐる、丸閉じる

早い子で十一ヶ月くらいから、遅い子でも一歳半くらいになると、大人がクレヨンなどをもって紙に何かを描いてみせると、真似をしはじめます。はじめは点々です。腕を振り下ろすと、そこにクレヨンが叩きつけられた跡が残ります。子供は運動の痕跡として点が生まれることを喜びます。

はじめ点々だった痕跡は、徐々に変化していきます。次の段階では横線を描きだします。左から右へ、右から左へという往復運動です。その線は重なり合いながら激しく左右を行き来しています。

しばらくすると縦の線が描けるようになってきます。今度は上から下へ、下から上への往復運動です。その線は重なり合いながら激しく上下を行き来しています。

次にぐるぐると円を描くようになります。大きな円です。何重にも重なった渦巻き状の円です。正確には円運動であって円ではありません。閉じていないからです。「ぐるぐる描き」と言った方がいいでしょう。

これらはまだ具体的な形があるわけではなく、ただ描きなぐったような状態です。ですから、これを「なぐり描き」と呼んでいます。紙や画面の大きさもまだ考慮されず、コントロールもままならないので、画面から線がはみ出たりします。紙からはみ出て机に描いてしまうのもこの時期です。

「なぐり描き」は「乱画」、「錯画」、「掻《そう》画」などともよばれ、英語ではスクリブル（scribble）と言います。子供は単に殴り描いているわけではないと主張するひともいます。

この時期に描かれる線は、横線から縦線、縦線からぐるぐる描きへという順序で変化していきますが、本当にその道筋は共通なのかという疑問が湧いてきますね。すべての子供が同じ順序で線を描くなど、信じられない気がしますが、実は、この順序は身体の発達と呼応しているのです。人間の体は、中央（心臓）から末端に向けて徐々に発達し、制御もできるようになっていきます。まず肩が最初にコントロールできるようになり、次に肘、そして手首、さらに指先という順序です。

肩だけが動くという状態をイメージしてみてください。まだ肘と手首、まして指先は十分に動かせない、ほぼ固定された状態だと考えてください。そして、机の上に置かれている（立て掛けられたカンヴァスではなく）大きな紙に向かって何か描こうとしてください。すると、左右にしか動かせなくて、描くことのできる線はどうしても横線にならざるを得ないということを実感できるでしょう（図3-1）。

次に肘が動くようになった状態をイメージして腕を動かしてみてください。すると今度は、肘を支点にして縦線が描けるようになることがわかります（図3-2）。この線を描いた子は右利きであることがわかります。

つづいて、手首が動くようになったとイメージして腕を動かしてください。すると円運動が可能になることを実感できると思います（図3-3）。ぐるぐるっと線が回っていきます。

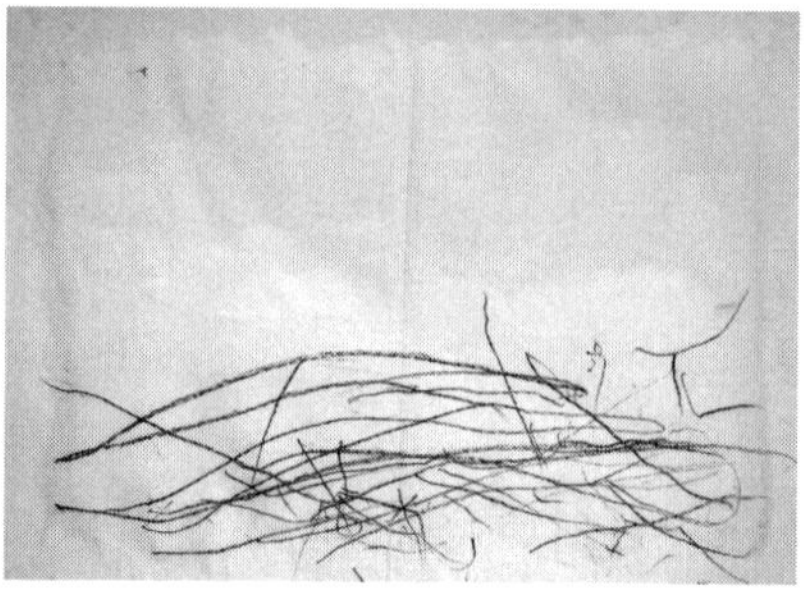

3-1 なぐり描き（横線）
（1歳）

3-2 なぐり描き（縦線）
（1歳）

さらに指先のコントロールができるようになると、ぐるぐる描きの線の始点と終点がつながるようになり、閉じられた丸が描けるようになります（図3－4）。

このように、体の発達の道筋にしたがってなぐり描きも発達していくのです。もちろん、縦線を描くようになったときには横線も描きます。その時期は縦線と横線が混在するなぐり描きです。ぐるぐる描きができるようになっても、縦線も横線も描きます。丸が閉じられるようになっても、ぐるぐる描きも、縦線も、横線も描きます。この段階では、いろいろな線が混在するなぐり描きになります。

昨日まで横線しか描かなかった子がある日、縦線も描くようになった、まさにその瞬間を目撃したときは感動します。横線と縦線しか描かなかった子が、ぐるぐると線を回転させはじめた時を目の当たりにすると、「おおっ」と声をあげたくなるほど感激します。実際、本当に声が出ます。「肘が動くようになったんだ！」「手首の自由が利くようになったんだ!!」と。神秘的です。子供の姿を見ているだけでは身体の発達はわかりにくいですが、「描く」のを見ていると容易に確かめられるので面白いですよね。面白いと言っては、必死で発達しようとしている子供に失礼な気もしますが、でもやはり面白いとしか言い

3-3 なぐり描き（ぐるぐる描き）（1歳）

3-4 なぐり描き（丸閉じる）（1歳）

ようがありません。かつての私も、かつてのあなたもそうだったのです。お赤飯を炊くならば、誕生日もいいですが、線が変化した日もふさわしいのではないでしょうか。

いずれにしてもこの段階は、まだ絵を描いている意識はありません。なぐり描きをしている子供たちは、運動感と触覚感を楽しんでいるのです。腕を動かすことの気持ちよさ、すーっと動くことの爽快感、画面とクレヨンが発する摩擦という抵抗の感触を味わっているのです。また、腕を動かすことで、そこに何かわからないけれども定着する痕跡を発見することの面白さを感じているわけです。なぐり描きを、何か絵を描いているというふうにとらえてしまうと、子供の感じている楽しさを見誤ることになります。「何を描いているの？」など、いらぬ声かけをしてしまいがちです。ここでは「気持ちいいね」と一緒になぐり描きを楽しみたいものです。そう言って寄り添われながら子供は、「これが『気持ちいい』という感覚なんだな」ということを会得していきます。

絵を描いている意識はないなぐり描きですが、その線にまったくイメージが乗っていないというわけではありません。なぐり描きのなかでも、当初はまったくの運動にしか過ぎなかった線が、次第にその線の動きや流れといったもののなかに、「ブーブー」とか「じーじー」、あるいは「くるまでずーっといったよ」などというイメージを乗せるようになっていきます。ただし、まだ線のはじまりと終わりは意識されておらず、独立した形は現れません。やはり運動や感触の方に関心が強いのです。

私の息子は踏切が大好きだったので、線を描きながらさかんに「カンカンカン！」と叫んでいました。遮断機の下りる時の音です。線路脇で経験したことが、家に帰ってきて、今、この紙の上でイメージとして再現されているわけですから、これはすごいことです。そこにないものが紙の上で立ち上がり、そこにないことが紙の上で起こるわけです。これが二章でも述べた美術というものの原点です。実際にそこにないものを紙の上に再現する。絵画とは、言ってみればイリュージョンなわけです。本物ではない。本物ではないものがそこに現れる。子供の、イメージをもったなぐり描きは芸術的行為の始まりなのです。

この段階で、もう芸術の芽が出てきているわけですから人間はすごいものです。これが人間にもっとも近いと言われるチンパンジーでは起こらないのです。人間とチンパンジーは、ＤＮＡレベルでは二％以下しか違わないそうですが、それがこのような決定的な違いをつくり出すのですから驚きです。

◉二歳頃からの「命名期」……描いた丸に名前をつける

なぐり描きの次の段階は「命名期」と呼ばれています。命名とは名前をつけるという意味です。この時期は、だいたい二歳頃にはじまり、なぐり描き期と並行します。

ぐるぐるのなぐり描きをくり返し描いていた子供が、指先までコントロールできるようになると、丸が閉じられるようになります。閉じようとして閉じるわけではありません。何度も描いているうちに、偶然閉じることがあるのです。そしてたまたま閉じられた丸を見て、子供ははっとするわけです。初めて閉じた時にはっとするとは限りませんが、「むむ、今まで描いてきたものと何か種類が違うぞ」と無意識的に認識するようになるのです。

ぐちゃぐちゃっと描かれたなぐり描きの線と、閉じた丸では意味合いがまったく違います。閉じた丸は「ポン！」と紙から独立して浮かび上がってきます。単なる線ではなく、「図」となります。「地から図が立ち上がる」というわけです。そして、子供は図とイメージを結びつけて、丸に名前をつけはじめます。丸を「お母さん」と言ったりするようになります。子供がはじめに関心をもつのは人間です。人間のなかでもとくに、それは身近にいて自分にかかわってくれる大人です。ですから、子供はその丸を指さして「お母さん」とか「お父さん」などと言うようになるのです。

この瞬間は親にとっては感動の一場面です。お母さんは、「お母さんを描いてくれた！」と大喜び。さらに子供はどんどん閉じた丸を描いていきます。お母さんは聞きます。「じゃあ、これは何？」、子供は答えます。「お父さん」。お母さんはまたまた大喜び。質問はどんどんつづきます。「じゃあ、これは？」「うさぎさん」。「これは？」「くるま」。大喜びのお母さんは、その紙にメモをします。お母さんと答えた丸の横には「お母さん」、お父さんと答えた丸の横には「お父さん」と。

お母さんは嬉しくて、その次の日も「お母さん」と記したその丸を指さしながらその子に聞きます。「これは何だった？」すると子供は答えます。「うさぎさん」。お母さんはがっかりです。また別の日に聞いてみたら、今度は「お父さん」と答えます。日をおかずとも、五分後には違う名前を言ったりします。もう何が何だかわからなくなります。お母さんは、「この子は嘘つきなのか」と疑ってしまいます。

もちろん、子供は嘘をついているわけではありません。この時期の子供は描いた丸に、あとから名前をつけるのです。お母さんを描こうとあらかじめ考えて丸を描いたわけではないのです。だからこの時期のことを「命名期」というわけです。描いたものにあとから名前をつけて、そこに命が宿る。丸が万物をあらわす。たかが丸、されど丸、です。

3-5 あめちゃん？
（2歳）

図3-5は二歳児が描いた典型的な丸です。たくさん描かれています。子供の絵の作品展に出品されたもので、絵のタイトルには「あめちゃんがいっぱい」と記されています。この子の担任の先生が、「これはなあに？」とたずねた際に、その子がこう答えたのでしょう。大人は絵に、タイトルをつけたがります。絵は何かをあらわそうとあらかじめ考えて描いたものに違いないと思い込んでいるからです。その時、子供の真実から離れてしまうのです。先生がたずねた際にこの子が飴だと決定し、そう言ったことは真実です。しかし二歳児の絵には、タイトルなど必要ないのです。あってもかまいませんが、それは大人にたずねられて、子供が、その時にだけつけた名前に過ぎないということを了解しておかなければなりません。

この命名期の丸となぐり描きの線との大きな違いは、線を重ねずに、平面的に形がおかれ、画面からはみ出さないようになることです。画用紙の端が意識できるようになるのです。二歳児が丸を描いている様子を注意深く見ていると、画用紙の大きさを確認しながら描いていることがよくわかります。

◉三歳頃から四歳半頃までの「前図式期」……モヤモヤした空間にフワフワと人間が浮いている

さて、クルクルクルクルとたくさんの丸を描いて、丸にいろいろな名前をつける時期が一年ほどつづいたあとに、その丸に線をつけ加えたり、別の丸を組み合わせたり、丸のなかに丸を描いたりできることに子供たちは気づきます。そして、丸のなかに丸を二つ描いたとき、そこに「顔」らしきものを発見するのです。それは偶然起こります。顔を描こうとして丸のなかに丸を二つ描くのではなく、丸のなかに丸を二つ描いた形のなかに顔を発見するのです。

やがて、それが何であるかたずねて、なるほどとある程度納得できる答えが返ってくるような基本構造を持つ絵になってきます。ここからはねらいをもって描く「絵」もはじまります。

子供にとって、もっとも関心があるのは人間ですから、三歳児の描く絵のはじめは人間です。丸のなかに目のような丸がふたつと、口のような丸がひとつといった絵です。やがてその丸から直接手や足が生えたような人間像を描くようになります。この人間像を「頭足人《とうそくじん》」と呼んでいます。文字通り、頭から足が出ているということです。子供はみな、この頭足人から描きはじめます。この頃の絵は、何を描いているのかが、大人にもなんとなく理解できるようになります。たとえば私の息子が三歳の時に描いた私の絵は、すべて丸いメガネをかけています（**図3-6**）。私はまん丸のメガネをかけていますので、「あ、これはお父さんを描いたんだな」とわかるのです。

それでも、この時期の絵は、ある場面を表現しているということはありません。画面は均質空間で、上下

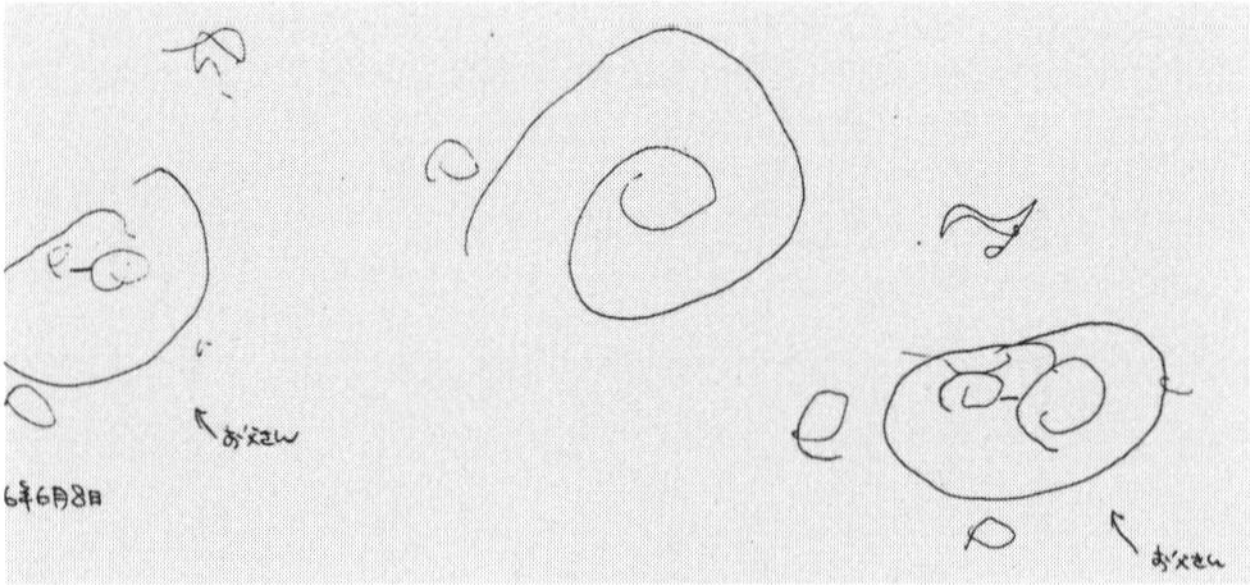

3-6 モヤモヤした空間にフワフワと人間が浮いている
（息子3歳）

や内外といった区別はありません。空間感覚がまだ十分に発達していないからです。描かれる人間たちも、あっちを向いたりこっちを向いたり、逆さを向いたりしています。言ってみれば「モヤモヤした空間にフワフワと人間が浮いている」といった具合です。モノ同士は同一空間にあるとは意識されておらず、モノとモノとの関係がなく、絵全体としての物語はありません。モノ同士に関係がないので、同じ画面に同じひとを何人も描いてもまったく平気です。ひとつの画面のなかにお母さんが、二人も三人も登場したりするのです。**図3-6**には、父である私が二人います。

この時期は別名「カタログ期」とも呼ばれています。商品カタログでは、モノとモノの間には関係がありませんよね。ただ写真が羅列されています。この時期の子供の絵の特徴を見事に言いあらわした呼び方です。

◉四歳半頃から七、八歳頃までの「図式期」……見たものを描くのではなく、知っていることを描く

さて、保育所・幼稚園・こども園の年中さんくらいの時期から、劇的に絵が変化してきます。前図式期では、「モヤモヤした空間にフワフワと人間が浮いている」という状態でしたが、図式期になると画面の上下が確定

していきます。あくまで上は上、下は下になるのです。モヤモヤした状態だった画面空間が、構成をそなえてきます。ただし、画面のなかに奥行きが感じられるような表現をすることはできません。モノとモノとの重なりを描きだすこともできません。この時期の子供は、遠くにあるモノは上へ上へと積み上げて描いていきます。太陽、花、木、家、人間などを決まったパターンで記号的に描くことから、この時期は図式期と名づけられています。この時期の子供は、いつもの同じ絵を、くり返しくり返し描きます。

女の子は、「逆三角の顔に、大きく潤んだ瞳があって、片方の目はウインクしていて、髪は三つ編みで、その先にはリボンが結んであって、裾のひろがったひらひらのドレスを着て、そのドレスは何色にも色分けされ、つま先立ちで、地面からちょっとだけ浮いている……」といった女の子の絵を好んで描きます。たいがいそれは「私」ですが、私はそんな格好をしたことがないのに、です。ドレスの模様はいつも同じパターンのバリエーションといった感じです。「そうそう!」と納得される女性は多いのではないでしょうか。そんな女の子の絵を上手に描けるクラスメートはみんなの憧れの的です。まわりの多くの子が、その子の表現を真似します。男の子は、いつも同じ車、いつも同じ飛行機などをくり返しくり返し描きます。もちろん、そういう傾向があるということであって、女の子はそう描くもの、男の子はそう描くべきだと言っているのではありません。

また、そのいつもの描き方は、いろいろなモチーフや情景描写にも適用されます。まず、画面の下の方に一本の横線を描きます。これは「基底線」と呼ばれています(後述)。その上に、いつもの人間が正面を向いて立っていて、三角屋根の家が建っていて、ひまわりのような花が咲いていていて、上の方に空があって、雲が浮いていいて、その上に光を放射状に放つ太陽が輝いています。典型的な図式期の絵です。学生の八割くらいが、「そうそう!」と言って、かつての自分を思い出します。

さて、図式期の子供は、いつもの絵をいつものようにくり返し描きますが、そういったいつもの方法では描けない場面にも遭遇します。その時の絵がたいへん魅力的です。

フランスの心理学者ジョルジュ＝アンリ・リュケは、「子供は見たものを描くのではなく、知っているものを描く」と言いました。五感を使って体全体で知り得た対象や出来事について、視覚的にではなく主観的に描いていくのです。この頃の子供は、たとえ目の前にモチーフを置いても、はじめは見ますが、あとはもう見ません。画用紙だけを見つめて描いていきます。見たものを描くという「視覚的リアリズム」ではなく、「知的リアリズム」です。それがこの時期の子供にとっての真実の描写なのです。

3-7 小学校入学式の日の絵（息子6歳）

図3-7は、私の息子が小学校の入学式の日、学校から帰ってきてすぐに描いた、入学式の絵です。太陽がさんさんと輝いています。入学式は校庭でおこなわれたのでしょうか。そんなことはありません。もちろん体育館のなかでおこなわれたのですが、その日はたしかに見事に晴れ渡った日でした。だから太陽も青空も描いたのです。子供は、「知っていること」を描くのです。

視覚的に描くのではありませんから、視点は自由に動き回ります。目が自分の目の位置に固定されていないとでも言えばいいでしょうか。一章の第一節でもふれました。この時期の子供の視点は三つあり、自分の目から見ているのではなく、まるでフワフワと浮遊しているかのようです。ひとつは真上から、ふたつめは真横から、もうひとつは見えないものが見えるかのような透視の視点です。真上から見たように描く場合も、「見た」のではなく、そのように「知っている」わけです。土のなかにはお芋があること、お母さんのお腹のなかに妹がいることを「知っている」から描くわけです。

さらに図式期の子供は、多くの場合、画面のなかに自分の姿を描きます。描かない時でも、その場面に入り込んだような気持ちで描きます。自分が画面のなかで大活躍するのです。世界のなかの物語に自分が登場人物として存在する喜びを感じていると言えるでしょう。前に述べた、まさに「自分と世界が一体化している」状態です。図式期は「子供の絵の花盛り」、魅力たっぷりの絵がどんどん出てきます。

ここで、大切なことをひとつつけ加えておきます。この時期の子供の絵は、子供自らが「お話をすることで完結する」ということです。大人が子供のお話に耳を傾けることが重要です。子供が、「ねえ、ねえ見て」と絵を持ってやってくる時は、見てほしいだけではなく、お話を聞いてほしいのだということを忘れてはいけません。お話を聞いてもらうことで、その子の表現は完成します。

園の子供たちは、先生に絵を見せるために並んだりします。そのすがたは健気です。自分の番が回ってくると、絵のいろいろな部分を指さしながら嬉々としていろんなお話をしてくれます。その時の生き生きとした表情に心打たれます。

ところが、並んでまで絵を見せに来てくれる子供たちのなかには、やっと自分の番が回ってきても、何も話してくれない子もいます。黙ったきり、ただ絵を見せてくれます。子供の絵は「お話をすることで完結する」と言いましたが、子供の方からお話をするとは限らないのです。そういう子供たちには、「絵のお話をしてくれる？」とお願いしてみるのもいいのですが、どんどん大人の方から感じたことを話してあげればいいのです。描いてあるものが何かを言い当てることは決して重要ではありません。その絵から感じた大人なりの物語を語っていけばいいのです。はずれたってかまいません。意外に思われるかもしれませんが、彼らは描いたものが何であるか答えがはずれていても、ショックを受けたりしません。間違ったことを言ったら子供が傷ついて絵を描かなくなるのではないかと思うのは大人の感覚です。「違うよ、これは○○を描いたんだよ」と教えてくれたりします。むしろ彼らは、いろいろなことを話してくれる大人のところへ絵を持ってきます。「私が絵を見せに行ったら、先生はとってもおもしろい反応をしてくれる」という時に、子供たちは嬉しいのです。満足感を得るのです。順番待ちをしてまで絵を見せに来てくれるのです。

子供の絵を見て「この怪獣の牙はすごく強そうだね」と感想を言ったところ、「これはライオンだよ」と返されたとします。そんな時は、「そうなんだ。でも昨日の夢にこんなすごい牙をもった怪獣が現れて、食べられそうになったたよ。怖かった〜。ひろくんが描いたライオンは、怪獣みたいに強そうだね」と言ってあげれば、お話はより盛り上がっていきます。その子は、自分の描いたライオンは、大人には怪獣に見えるほどに迫力いっぱいなんだという誇りを抱くでしょう。そして、自己肯定感や自己効力感を味わうのです。間違っても、「ごめん、ひろくん。これは怪獣じゃなくてライオンだったんだね。ごめんね、ひろくんの絵をわかってあげられなくて」と返すべきではありません。

さて、これより大きな子供たちの絵については、本書での守備範囲を超えることになりますが、子供たちのその後の発達を理解すれば、ここまでの段階をより微笑ましく見つめ、大切にできると考えますので、以下に記しておこうと思います。

◉七、八歳頃から十一、十二歳頃までの「前写実期」……絵から自分が抜け出してくる

「子供の絵の花盛り」の図式期を経て、子供たちは小学校三年生あたりから次の段階へ入っていきます。「七歳までは夢のなか」という夢から、少しずつ覚めていくと言ってもいいでしょう。これはちょっと淋しい言い方ですが、「ものごころがつく」という言い方でもいいかもしれません。着実に成長していくわけです。

三年生から四年生にかけてひとつの転換点があります。絵のなかに自分の姿を描かない子供が多くなってくるのです。無邪気に自分を描いていた子供は少数派になり、絵のなかからすーっとこちら側へ抜け出して、絵の光景を見つめる自分へと変化するのです。世界と自分が分離して、自分という主体が、客体である世界を見つめるという構図が成立してくるのです。「見る」という行為の、本当の意味での始まりです。絵のなかに「存在する自分」から、「観察する自分」への変化です。

前図式期から図式期、前写実期までの絵画表現を比較してみましょう。**表3-1**を見てください。前図式期は、「モヤモヤした空間に、フワフワと人間が浮いている」表現でした。つまり、画面に奥行きはもちろんのこと、上下左右もありません。平気で紙を回しながら描きますし、人物をさかさまに描いてもまったく気にしていません。図式期になると、上下左右が確定してきます。基底線で天地が固定され、その秩序のなかにひとやモノが配置されます。しかし、まだモノとモノとの重なり（奥行き）は描きません。

たとえば、リンゴを左右の手に一つずつもち、「ここにリンゴが二つあるよ」と言って、図式期の子供に見せます。そして、その子から見て重なって見えるようにリンゴを前後に配置して、「描いてください」とお願いしてみます。すると彼らは、二つのリンゴを横にならべて、重ならないように描いてくれます。二つあるのだから二つ描く。真実です。「視覚的リアリズム」ではなく、「知的リアリズム」です。世界を全体としてとらえています。「自分と世界が一体化している」ことがここからも理解できます。これが、前写実期になって「見る」ことが始まると、モノが重なってモノとモノとの間には空間があることを認識します。これが奥行きの表現へとつながっていきます。

図3-8は図式期、**図3-9**は前写実期の絵です。どちらも人物が複数描かれていて、その大きさはまちまちです。図式期では、人物の大きさはその子にとっての存在感の大きさによって変化します。大きいひとは、重要度が高いわけです。**図3-8**では中央の二人が重要な登場人物です。一方、前写実期では、大きさは見る者（作者）からの距離を示しています。**図3-9**では、竹を切っている二人が近くにいて、そのほかのひとは背景にいます。小さく描かれたひとは、遠くにいるということです。主観的な存在感（図式期）と「見え」（前写実期）の対比です。ずいぶんと世界観が違います。

表3-1　空間表現の発達

	上下左右	奥行き
前図式期（3歳頃〜4歳半頃）	×	×
図式期（4歳半頃〜7、8歳頃）	○	×
前写実期（7、8歳頃〜11、12歳頃）	○	○

3-8 大きな人物は重要度が高い（図式期）

3-9 小さな人物は遠くにいる（前写実期）

たとえば、図3-10は、前写実期以降なら地面にひとが立っていると認識しますが、図式期の子供にとっては、下半身が埋められているひとです。図3-11は、前写実期以降ならリンゴに矢は刺さらず、手前を通過したと判断しますが、図式期には、これこそが命中、ぐさっと刺さっているというわけです。ちなみに図3-12を図式期の子供は「ヘンだ」と感じます。

私の息子が、生まれて初めてモノの重なりを描いた絵を見てください（図3-13）。彼は前日までは完全に図式期にいました。ところが、この日、絵は質的に変化しました。わかるでしょうか。机の上

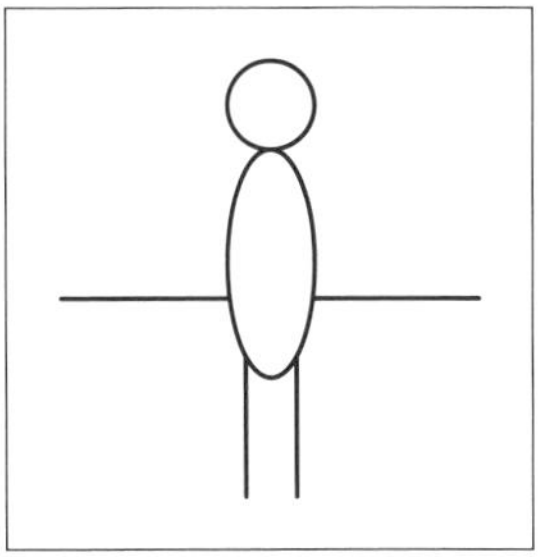
3-10 地面に立っている？半分埋まっている？

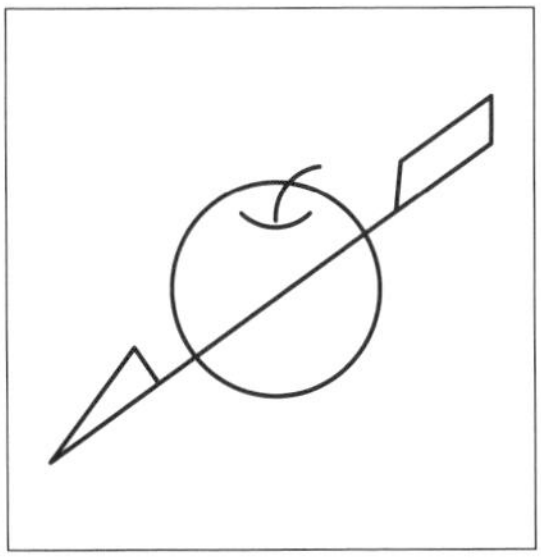
3-11 手前を通過？刺さった？

3-12 見事に命中？それとも？

3-13 息子が初めて重なりを描いた絵
（7歳）

3-14 まだ図式期の表現が残っている
（娘9歳）

部のところで、モデルである私の体が一度消えて、机の下から足が出ているところです。机と体の間に空間があります。「見る」ということがこの日を境に息子のなかで始まりました。前写実期への移行です。それでも、この絵のなかにはまだまだ図式期の特徴がたくさん残っています。向かって右から登場するのは息子自身です。まだ自分を描いています。「うまい」と言っているのは私ですが、手の曲げ方は「集中構図」（後述）で、驚くほど曲がっています。机の上にのっているのはジョッキに注がれたビールです。泡がこんもりとしていますが、ひっくりかえっています。「展開図描法」（後述）です。

それにしてもこの絵は笑えます。「うまい」と言っている私を見て、口をあんぐり開けて、黒目もなく、唖然としている息子には、いったい何が起こっているのでしょう。その日に息子に聞きそびれたものですから、もう知るよしもありません。

娘の絵が前写実期に移行した日には、残念ながら立ち会えませんでした。**図3-14**は重なりが表現されてから何枚目かの絵ですが、まだ正面性をたっぷり残した表現になっています。人物はみな机の向こう側にいます。ダ・ヴィンチの《最後の晩餐》状態です。けれども、数ヶ月後には**図3−15**のように、腰掛けている人物は横を向いていたり、手前にいて後ろ向きだったりします。「見る」ということがより進んでいることが理解できます。

3-15 完全に前写実期に入っている（娘10歳）

小学校の「学習指導要領」図画工作の内容には、一、二年生は「感じたことや想像したことを絵や立体、工作に表す」と記されていますが、三、四年生になると「感じたこと、想像したこと、見たことを絵や立体、工作に表す」というように「見たこと」が加えられます。発達段階に合わせて、見たことを絵にする活動は、三年生を待ちましょうということなのです。

この時期は、たしかに見て描くようになり、部分的に詳しく細かいところまで描くのですが、全体的には構図のバランスが崩れ、プロポーションに矛盾があったりします。人物を描く場合、目から描いていって、鼻、口、顔の輪郭と描いていって、次に頭を描こうとしたら、「げっ！　頭のてっぺんが画面に入りきらない！」。次に首を描き、胴体を集中して描き、そして手を描いて、さらに足を描こうとしたら、「足を描くスペースがほとんど残ってない！」となって、それでもなんとか画面に収めたいので、短足になってしまうといった具合です。部分部分はよく見ながらていねいに詳しく描いているのですが、全体的にはプロポーションがむちゃくちゃという感じです。しかし、その矛盾やプロポーションの崩れが、かえって「ダイナミック！」であったりするのがこの時期です。

◉十一、十二歳頃から十四歳頃までの「写実期」……見えるように描きたい

小学校五、六年生から中学二年生頃までを「写実期」と呼んでいます。この時期には、視点が定まって、自分が見ている、その光景を描きだそうという姿勢があらわれます。

また、視点だけではなく、モノの立体感、明暗、陰影、質感、量感、空間、遠近感などを客観的に、見えるままの形で表現しようという傾向が芽ばえてきます。しかし、まだ完全に客観的な視覚映像というレベルまでの正確さはありません。

◉十四歳頃から十七歳頃までの「芸術的復活期」、そして、その後の「完成期」

心と体のバランスが崩れがちな思春期ですが、この時期には画面の構成や表現方法、表現技法によってどのような効果や印象の違いが生まれるかについて理解し、それを踏まえた上で自らの内面にあるイメージと擦り合わせながら表現しようとする意志が芽ばえてきます。

図式期における芸術的ともいえる自由な表現が、その後いったん写実表現に向かうわけですが、それを越え、この時期、本当の芸術として今一度復活します。そういう意味で、この時期は芸術的復活期ととらえることができます。写真のように実物そっくりに表現することだけが絵ではないことを理解するようになります。

しかし残念ながら、誰もがこの段階に入れるわけではありません。多くの子供はその前に絵を描くのをやめてしまいます。ことばを中心とした他の表現方法を見出していくという側面もありますが、見えているように描くことができない技術的ないらだちから、描くことに関心を失ってしまうことも多いのです。同時に、学校

でも絵を描く機会は極端に減ってきます。中学校では、美術の時間は三年生では週に一回、たった五十分しかないのです。しかも美術の授業のなかにもたくさんの題材があるので、絵を描くことに取り組める時間は本当に少ないのです。

では、限られた、才能を持った子供だけがこの段階に到達できるのかというと、そうではありません。描く機会が保障され、適切な指導を受け、意欲が持続したなら、誰もがこの段階に入れるはずなのです。それなのに、その機会がないという現状が残念でなりません。

芸術的復活期を迎え、絵画表現の論理を理解し、表現技法を意図的にコントロールできるようになると、これ以降はひとそれぞれ個性的な表現へと発展していきます。いわゆる完成期です。このあたりからは、もう子供と呼べないかもしれません。

一方、絵を描かなくなったひとのなかでも、鑑賞することが好きになるひとはたくさんいます。「見ることは、つくること」です。美術館にたくさんのひとが訪れるのは、絵を描いた作者の思いを享受するためだけではありません。絵を見ることを通して自分と出会い、自分の世界を創造しているのです。

ここまで、子供の造形の発達について、「絵」に限って話を進めてきましたが、粘土などの立体造形における発達にも同じ過程をあてはめることができます。

最初は、粘土に触れて、それをぬたくっている段階。絵でいうと、なぐり描き期です（図3-16）。そのうちに粘土を指先で丸めるようになって、それらをたくさん並べていきます。これは命名期です（図3-17）。そして次には、何か目的を持ってつくるようになり、次々とカタログの商品のように置いていきます。前図式期に

3-16　絵でいうとなぐり描き期

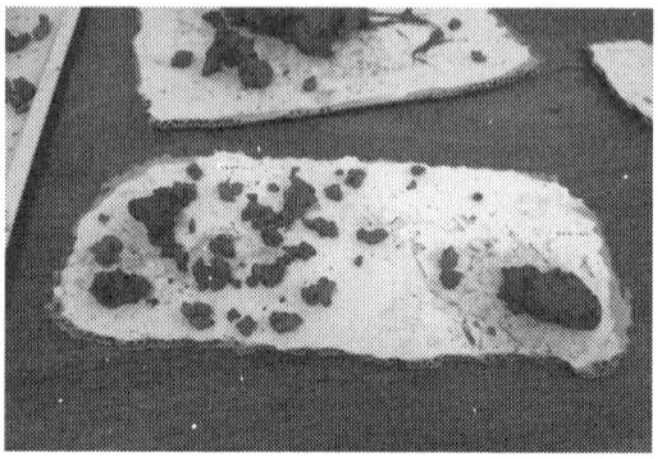
3-17　絵でいうと命名期

3-18　絵でいうと前図式期

3-19　絵でいうと図式期

対応します（図3−18）。つづく段階では、自分なりの物語を込めた造形物が現れるようになり、友だちとも共同しながら、ひとつの空間を演出していくようになります。これは図式期です（図3−19）。

立体の場合は、絵に比べると、その特徴が現れるのはやや遅れますが、その道筋は、やはり同じです。絵の発達を知れば、他の造形についてもその発達段階が見えるようになります。

＊子供の絵の発達段階は、ローウェンフェルド、一九七〇年の『幼稚園教育指導書　領域編　絵画製作』（文部省）、東山明、鳥居昭美、金子一夫などの見解を参考に区分した。

3・2

「特徴」という側面からのアプローチ

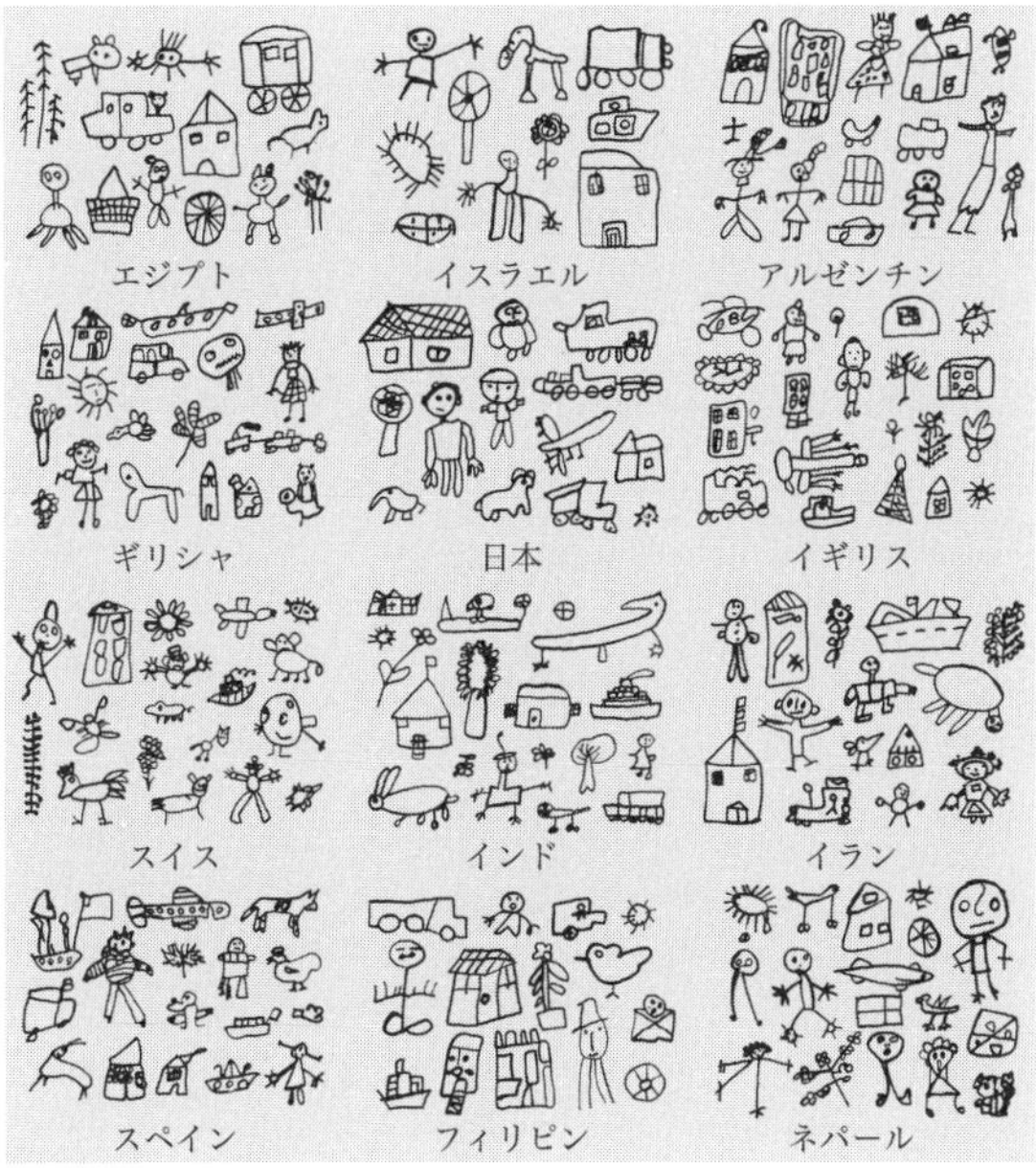

3-20 こどもの絵は万国共通

ローダ・ケロッグ『児童画の発達過程——なぐり描きからピクチュアへ』より

次は、その「特徴」から子供たちの絵を見てみたいと思います。

図式期くらいまでの子供の絵は、不思議なことに万国共通です。美術教育学者のローダ・ケロッグは世界各国の子供の絵を約一〇〇万枚集めて分析し、その共通性を発見しました（ローダ・ケロッグ『児童画の発達過程——なぐり描きからピクチュアへ』、深田尚彦訳、黎明書房、一九七二年。）（図3-20）。子供の絵は大人の絵とは異質なものです。子供の造形表現には固有のコードが存在するのです。

本書では、子供の絵の特徴・特質を九つ挙げてみます。出現する順ではありません。子供たちは、前図式期から前写実期にかけて、このような特徴をもった絵をくり返し描いていきます。

◉ 頭足人

前にも少し紹介しましたが、「とうそくじん」と読みます。英語では「おたまじゃくし人」というとらえ方をしています。大きな丸い部分から手足が直接出ています。子供たちが描く人間は、はじめ、必ずこのような形をしています。イギリスの童謡に登場するハンプティ・ダンプティのようです。

図3-21は、三歳児による「きしゃにのって りんごがり たのしいね」。頭足人がたくさん登場します。みんなにこにこ、優しい表情で、見ている私たちが幸せな気持ちになります。それはともかく、耳から手が出て、あごから足が生えているかのようです。しかし、一見、丸い部分は人間の頭部を示しているようですが、実は子供は頭と胴体の両方をイメージしています。頭と胴体を合わせた大きなかたまりから、手足が放射状に出ているというイメージです。

頭足人は、文字通りでは「あたまあしじん」ということになりますが、実は頭と足の人ではないのです。いたずら心で、頭足人を描いた子供に、「服に色を塗ってみよう」といって筆を持たせてみると、頭足人の丸い部分の下の方、つまりこれを頭部だと考えると、あごの部分に色を塗りはじめるのです。あるいは丸い部分の

3-21 「きしゃにのって りんごがり たのしいね」
(3歳)

外側を囲むように塗ることもあります。そうすると、「頭足人」という呼び方は正確ではないということになります。むしろ頭足人と呼ぶことで、子供の世界観を見誤ってしまう可能性があります。頭足人のことを頭胴足人と呼ぶこともありますが、それではわざわざそう呼ぶ必要もなくなり、絵の特徴を示していないようにも思われます。どのように呼ぶのが妥当でしょうか。

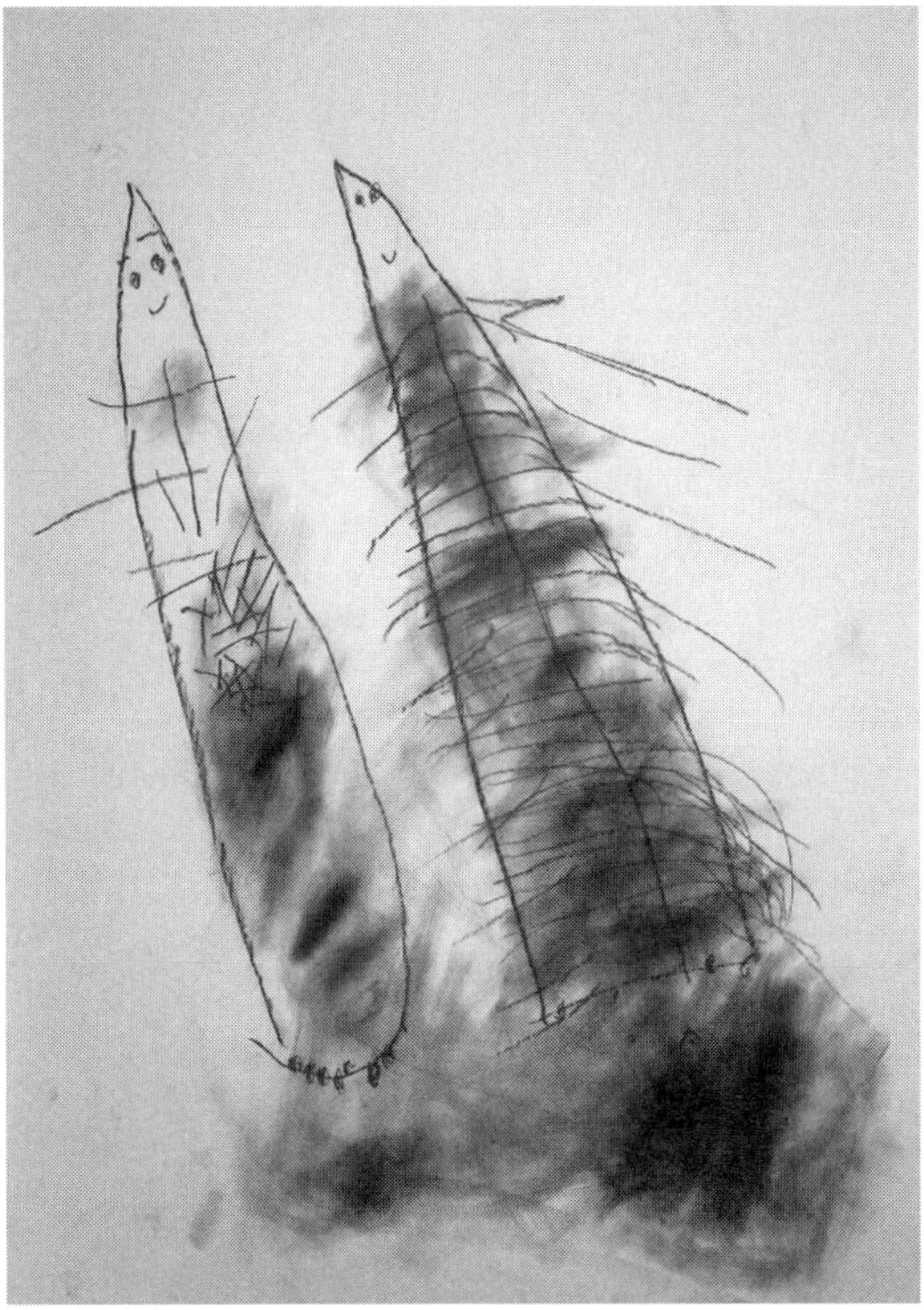

3-22「たけのこさんが　なかよしで　にょきって　はえていたよ」
（5歳）

◉ アニミズム

子供からすると、石も花も太陽も生きています。ですから、当然のように「顔」があります。このようにに、万物に生命があるというとらえ方をアニミズムといいます。アニミズムとは、本来は自然界のすべてのものにそれぞれ固有の霊が宿っているという信仰を指します。

子供は、その顔をまるで

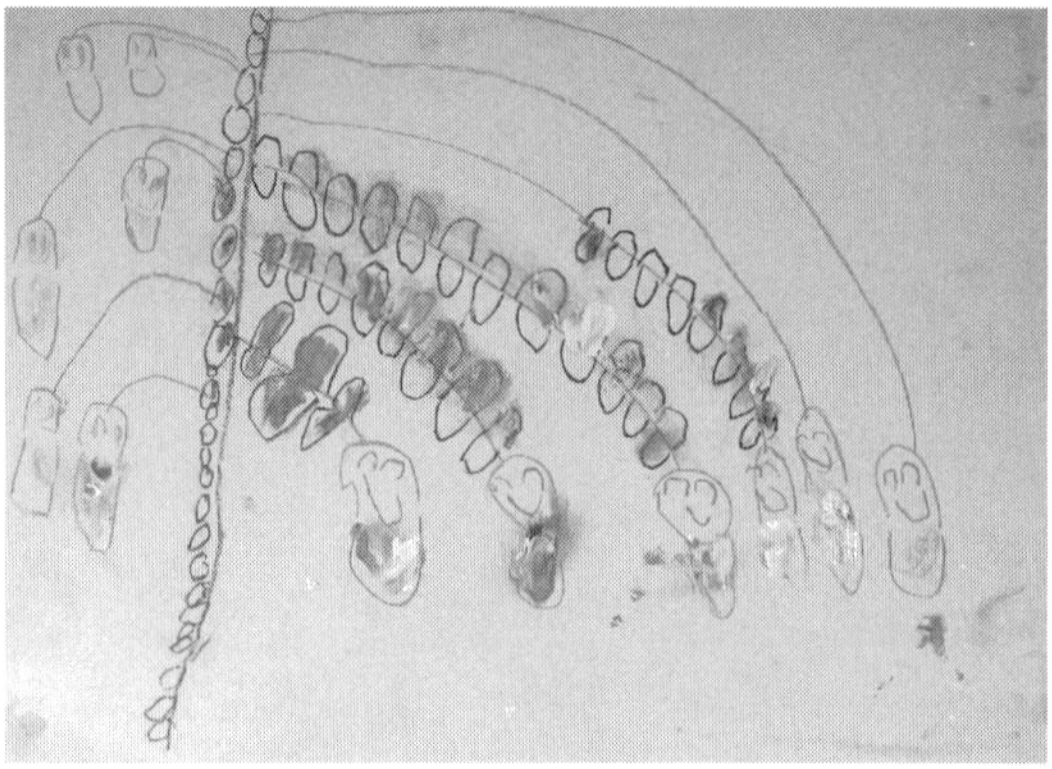

3-23「なかよしピーナッツさん」
（4歳）

3-24「ふくろうさん」
（4歳）

人間のように表現します。牛の顔もバッタの顔もふくろうの顔も人間の顔立ちです。図3-22は、「たけのこさんがなかよしで にょきって はえていたよ」というタイトルの絵です。お互いを思いやりながら伸びていこうとするふたつのたけのこ。見合わせる目に心が洗われます。

図3-23は「なかよしピーナッツさん」。ピーナッツにこんなに微笑まれたら、とても食べられません！

図3-24は「ふくろうさん」。タイトルがなければふくろうだとわかりませんが、なんだかとぼけた人間のような顔をしていて親近感が湧きます。このように、動物たちをまるで人間のように描くのもアニミズム表現ととらえていいでしょう。

◉基底線

前にもふれましたが、図式期（おおむね四歳半頃〜七、八歳頃）の子供たちは、まず画面に横線を一本引いてから絵を描きはじめることがよくあります。この線を「基底線」（Base Line）と呼びます。ヴィクター・ローウェンフェルドという美術教育学者が名づけました。

3-26 基底線が３本
（4歳）

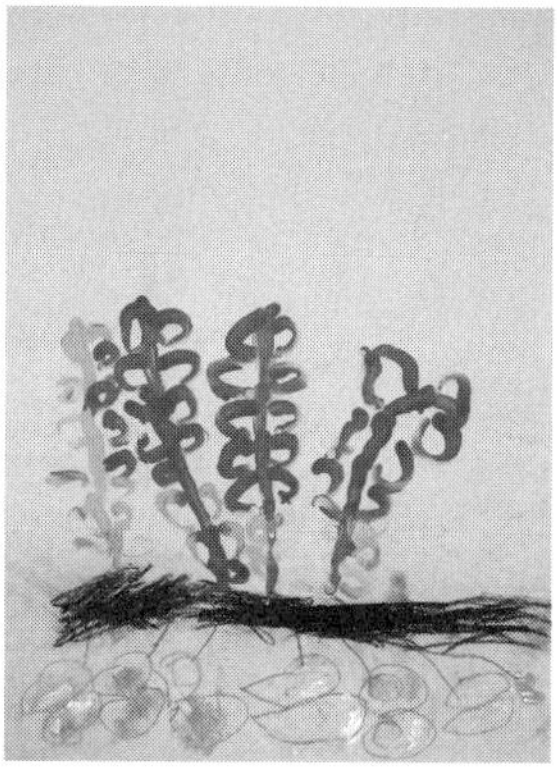

3-25 基底線の下は土のなか
（4歳）

これは地平線や水平線ではありません。ですから、この線のすぐ上の部分は空ではありません。空は画面の最上部だけです。基底線と空との間は透明空間で、まったく何もない空間なのです。この何もない空間に「空の一部なのだから青色を塗りましょう」といって無理に色を塗らせようとしても、子供には納得できるものではないので注意が必要です。図式期の子供たちが空を塗る場合は、画用紙のほんとうの上の方にしか塗りません。

また、基底線の下は土のなかです（図3-25）。海の場合は水のなかです。基底線の下にお芋が描かれていれば、それは地表においてあるのではなく、土のなかに埋まっているということです。基底線の下に魚が描かれている場合は、これは魚が水のなかを泳いでいます。魚の場合は私たち大人も違和感がありません。水槽に入った魚を横から目にすることがよくあるからです。

子供によっては、あるいは場合によって、二本三本と基底線を引くこともあります（図3-26）。私がこれまで見たなかでいちばん多いのは七本です。本数はともかく、この線は、人物などが立っているこの世界の土台のようなものを示しているわけです。

十年ほど前、ある小学校を訪れた時のことを思い出します。廊下にクラス全員の子供たちの絵が並べられていました。一年生の子供たちの絵です。それらには、見事すべてに基底線が引かれていました。そしてこれもすべての画面の最上部のあたりだけが空として青で塗られていました。まさに、図式期真っ只中の一年生の典型的な作品です。私は、ほのぼのした気持ちでそれらを見ていました。

そこへ二十代の男性の先生が、青色の絵の具をたっぷり溶いた筆洗を持って現れました。そして、なんと先生は、子供たちの絵の透明空間の部分に、幅のひろい平筆でザッザッと青を塗っていったのです。次から次へと、かなりのスピードでした。私は愕然としました。子供の絵に筆を入れるだけでも許しがたい行為ですが、子供の世界をまったく理解していない先生に閉口したのです。「先生も二十年前は、そんな絵を描いたでしょう?」思わず注意したくなりましたが、そのときは図画工作科指導のために訪れたわけではなかったので、何も言うことができませんでした。いまだに私の心の隅につかえている出来事です。あの時注意をするべきだったとの思いが消えず、忘れられない苦い記憶になってしまいました。あの時の子供たちは中学生、高校生になって、美術が嫌いになっていないでしょうか。子供の世界を理解しない先生に、小学校低学年というきわめて重要な時期を指導される子供たちのことを思うと、心が痛みます。

◉ 集中構図

子供は、描きたいものを大きく描くことがあります。それは、意図的なねらいがあってそう描くのではなく、まず印象に残ったもの、描きたくなったものを、とにかく画面いっぱい描いてしまうといった方が正確です。

図3-27を見てください。まず描きたいと思ったカメを、ばーんと大きく描きました。そして、そのあとで自分を描こうと思いつくのですが、もうほとんどスペースが残っていません。ですから、空いている右下に小さく描くしかありません。結果的にそうなってしまったのです。計算したわけではありません。けれども、できあがった作品は、なんとも迫力があって、構図も見事に感じられます。その子の集中力が画面からほとばしる絵です。目に映るとおりに見て描いたものよりもはるかにリアルです。

また、たとえば芋掘りをしている手を、現実にはあり得ないほど伸ばして描いたりします。「こうやって手を伸ばして掘ったんだ」と言わんばかりです。ザリガニの絵を描く際にハサミに指を挟まれたことがある子供は実際よりもはるかに大きいハサミを描いたりします。クワガタムシの足に興味をもった子供は、何十本も足を描いたりします（図3-28）。そんなふうに部分的に誇張、強調して描くのも「集中構図」と呼びます。

3-27「かめさんといっしょにあそんでたのしかったよ」（4歳）

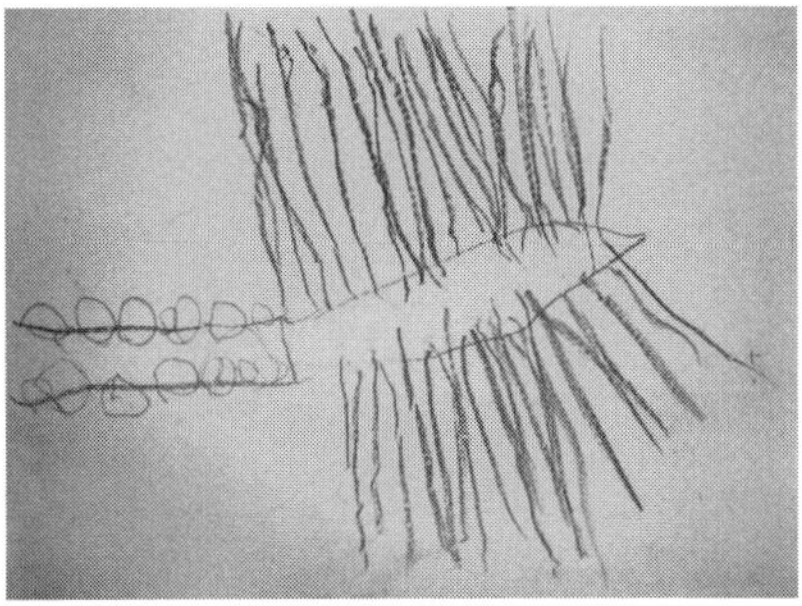

3-28「このくわがた　でっけー!!」（4歳）

大人からするとあり得ないという表現も、子供のなかでは、それですべてうまくいっているのです。この絵はどうでしょう（図3－29）。「たいじゅう　はかったよ」という作品です。まるで気球のごとく大きな体重計です。体重計の表示部分にこの子の関心は向いています。大きくなることを願い、成長していくことへ期待をもっていることが伝わってきます。ですから、目盛りを一生懸命に描いています。ちなみに女子学生にこの絵を見せると、「こんな体重計、いやだ～」と叫びます。なんでも、自分の体重が周囲に丸わかりだからだそうです。

3-29「たいじゅう　はかったよ」（4歳）

図3－30は何を描いたものでしょうか。これは一輪車に乗っている自分です。一輪車のスポークのあたりがいろいろな色で塗られています。この子の一輪車への愛情が読み取れます。どうも最初は体から足にかけての部分を丸い車輪の中央にまっすぐ描いたようですが、気に入らなかったのでしょう。「僕は車輪にまたがっているんだ！」と言わんばかり、ぐいっと足をひろげて車輪を包み込む両足をあとから描きました。なんと長い足！　けれども、まさに一輪車に乗っている感が満載です。実際には、車輪に対してこのようにまたがると、一輪車は動きません。いえいえ、子供のなかでは、これですべてがうまくいっているのです。

図3－31を見てください。左右に大きなザクロ。どちらがお父さんザクロでどちらがお母さんザクロでしょうか。そして真ん中に赤ちゃんザクロ。そしてザクロのなかや周囲にたくさんの小さなひとがいます。超特大のザクロです。描きたいものをまずドーン！と大きく描く、描いてしまう。これが集中構図です。

このザクロの絵ですが、お父さんザクロと赤ちゃんザクロ、お母さんザクロと赤ちゃんザクロの間にもそれぞれひとがいます。そして、ザクロを左右に大きくひろげた手でつないでいます。赤ちゃんザクロは、お父さんザクロとお母さんザクロにしっかり結びついています。きっと、この子はお父さん、お母さんの深い愛情の元に

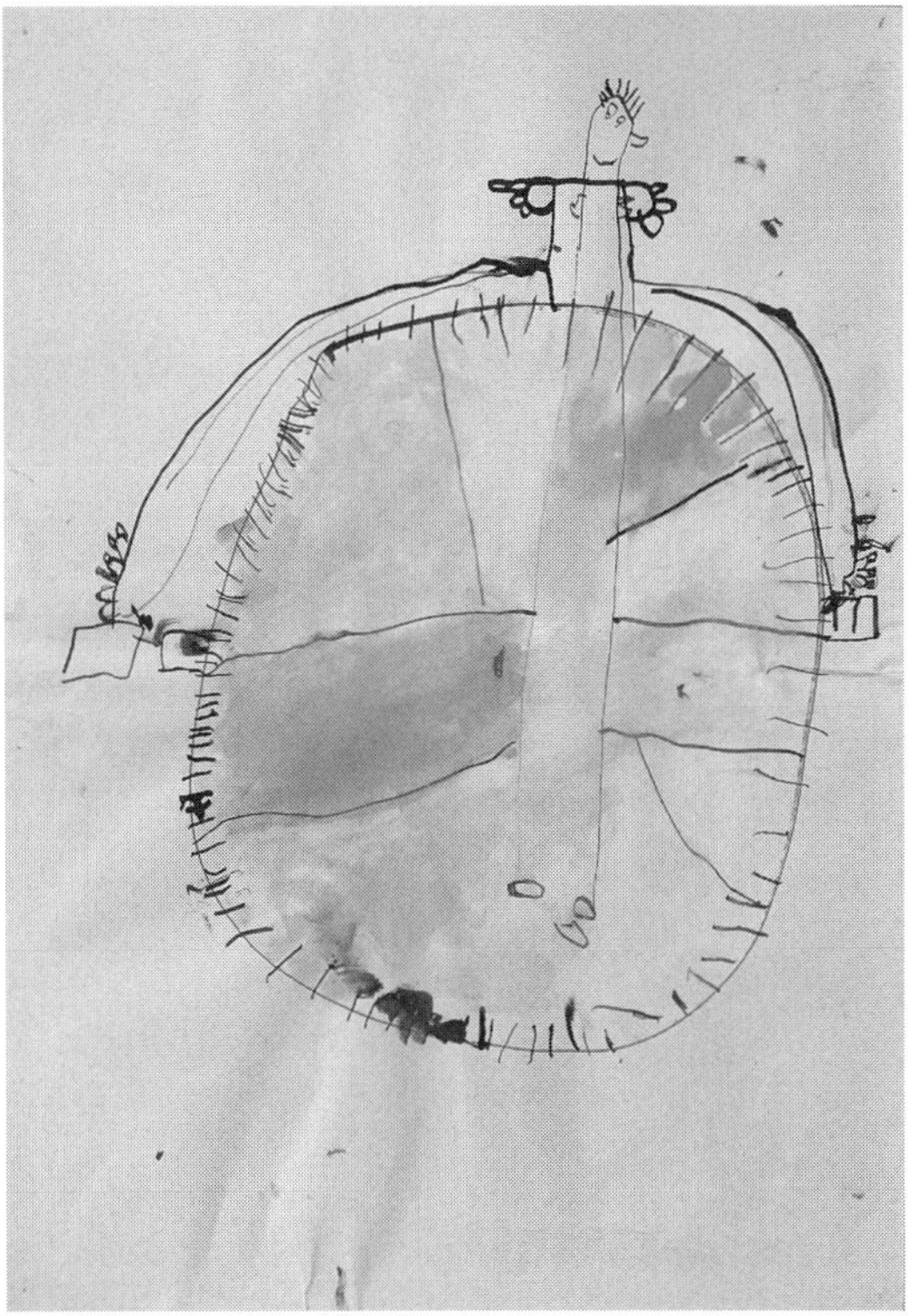

3-30「いちりんしゃをこぐのって　むずかしいよ」
(5歳)

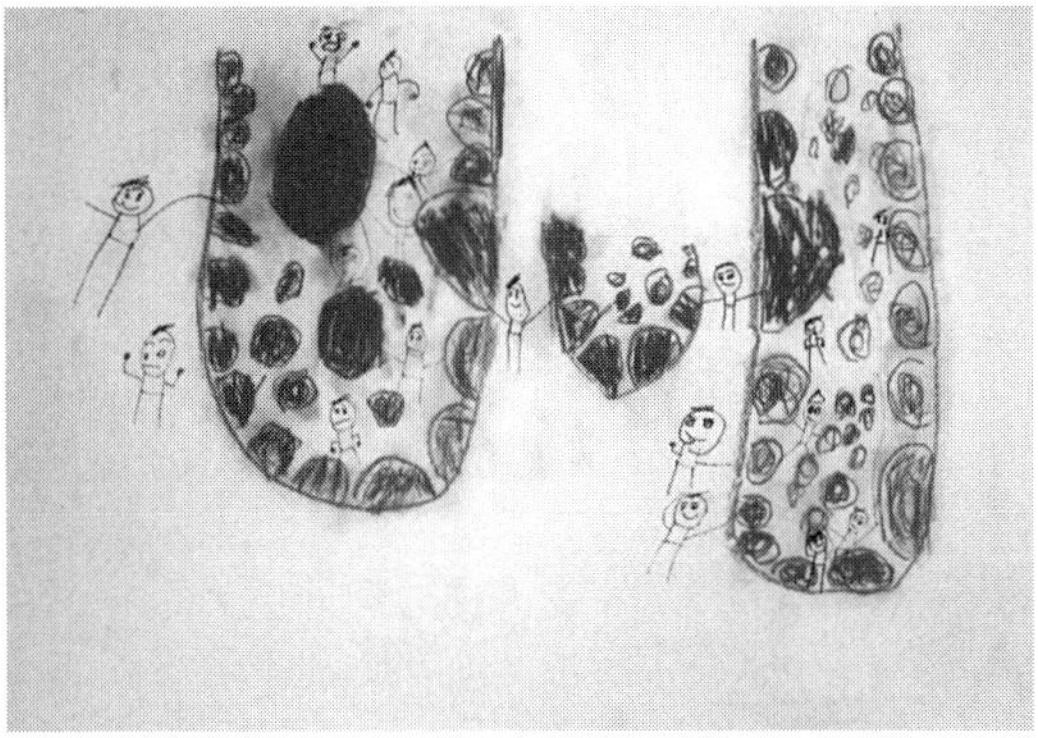

3-31「おとうさんざくろと
おかあさんざくろと
あかちゃんざくろ
みんなでブーラン
ブーランしたりのぼったりしてあそんだよ」
(5歳)

育っているのでしょう。そのことにたいへん大きな安心感をもっているのでしょう。それがこの子の世界観です。ザクロには手がありませんから、人間を使ってそれらを結びつける。幸せな気持ちが伝わってきて、思わず涙が出ます。

ここで、ある学生が、授業で集中構図について取り上げた際に書いた感想を紹介します。学生が、幼稚園へインターンシップに行ったときの出来事です。

子供がおイモの絵を描いていた。ひとりの子が、葉っぱは大きく、おイモはすごく小さく描いていた。葉っぱはすごくていねいに描いてあった。しかし先生は、「葉っぱよりおイモの方が大きかったでしょ」と言って、おイモを大きく描かせていた。その子は葉っぱが印象に残っていたんだということが今日わかったし、先生のような声かけをしてはいけないことがわかった。

その子にとっては、葉っぱこそが関心の中心だったのです。絵とは、見えるものを見えるように、大きさを実物に合わせて描くものではありません。自分が興味をもったところ、感動したところを、自分の思うように描くものです。その時にこそ、作者が寄せた思いが、他者にも伝わるのです。絵を描くとは、見えないものを見えるようにすることです。この先生は、鑑賞者としても指導者としても未熟で、ていねいに描いた葉っぱを褒めてもらえず、否定され、描き直しさせられたその子の気持ちを思うと、心が痛みます。

一方で、集中構図については注意すべきことがあります。「子供は印象に残ったもの、描きたくなったものを画面いっぱい描いてしまうことがある」ということです。

保育の現場では、少々子供の世界を理解している保育者のあいだには、「子供たちは描きたいものを大きく描くものだ。大きく描いてこそ子供らしい」という考え方が浸透しているので、小さく描く子に「もっと大きく描きなさい」と描き直させたりすることがあります。小さく描く子は子供らしくないというレッテルを貼られることになります。これは間違いです。小さく描く子も、その時の自分を素直に表出しているだけだからです。いつも大きく描く子が時には普通の大きさで描くこともあります。なにも、大きく描くから子供らしくて、それこそが賞賛されるべき子供像ではありません。まして、描きはじめたものを途中で否定されて描き直しさせられるなど、子供にとっては苦痛でしょう。絵を描くことがいやになります。

もちろん、「大きく描いてみましょう」と指示してはいけないということではありません。それならば、「小さく小さく描いてみよう」という機会も設けたいところです。そもそも画面に対して大きく描かせたいならば、画用紙を小さくしてみればいいことです。画用紙が小さければ、相対的に描くものは大きくなります。その時に、「大きく描けたね」と褒めてあげればいいのです。

また、いつもいつも小さく描く子供を、そのまま放っておけばいいと言っているのでもありません。時にはある部分に集中して、大きく描いたり、実際よりも多く描いたり、誇張したくなるような働きかけを大切にしたいものです。そして、大きく描いたときには、たくさん褒めてあげて、新しい自分に出会わせていくのです。「こんなふうに描くのも楽しいもんだな。気持ちいいものだな」と気づかせてあげたいところです。もちろん、小さく描いた際にも、たっぷり褒めてあげることは忘れてはなりません。

◉ レントゲン描法

図式期の子供たちは、たとえばお腹のなかの食べ物や、建物のなかの人物など、見えないものでも見えているように描きます。前にもふれた透視の視点です。

大人にとってみれば想像的な視点ですが、本人にとっては十分真面目であり、リアルな世界を描いているにすぎません。そういうふうに描けば効果的であると考えているのではなく、本当にそうとらえているのです。とらえているというよりも、そうだと知っているから、そう描くのです。リュケのいう「知的リアリズム」(子供は見たものを描くのではなく、知っているものを描く)をとくに強く感じる子供の絵です。

図3-32は、お母さん牛のお腹のなかにいる赤ちゃん牛を描いた絵です。お母さん牛のお腹のなかには赤ちゃんがいるんだよと教えてもらった子供は、その「知っていること」を描くわけです。大人がこの絵を見ると、お母さん牛の前で子牛が飛び上がっているかのようですが、重なりや奥行きをとらえるための「見る」ということができるようになるのはまだ先のことです。あくまで赤ちゃん牛はお母さんのお腹のな

3-32 「うしのあかちゃんがおなかからはやくでたいよーっていってるよ」
(5歳)

かにいるのです。これですべてはうまくいっています。

次の絵（図3-33）を見てください。右側に描かれているのがお母さんです。お母さんのお腹のなかには赤ちゃんがいます。近く生まれてくる妹が描かれています。こういう絵を見ていると、こちらまでとっても幸せな気持ちになります。

ところが、この絵、左側のお父さんのお腹にも注目してください。ここにもひとの顔が！　お、お父さんも妊娠!?　そんなはずはありません。私は、この絵を指導された先生と、ほのぼのと語り合いました。「思わず勢いでお父さんのお腹にも描いてしまったんでしょうね」とか「これはお父さんのＴシャツの絵柄ではないのか！」などと。第一、この人物の顔にはお父さんと同じようにヒゲがあるのがどうも解せません。

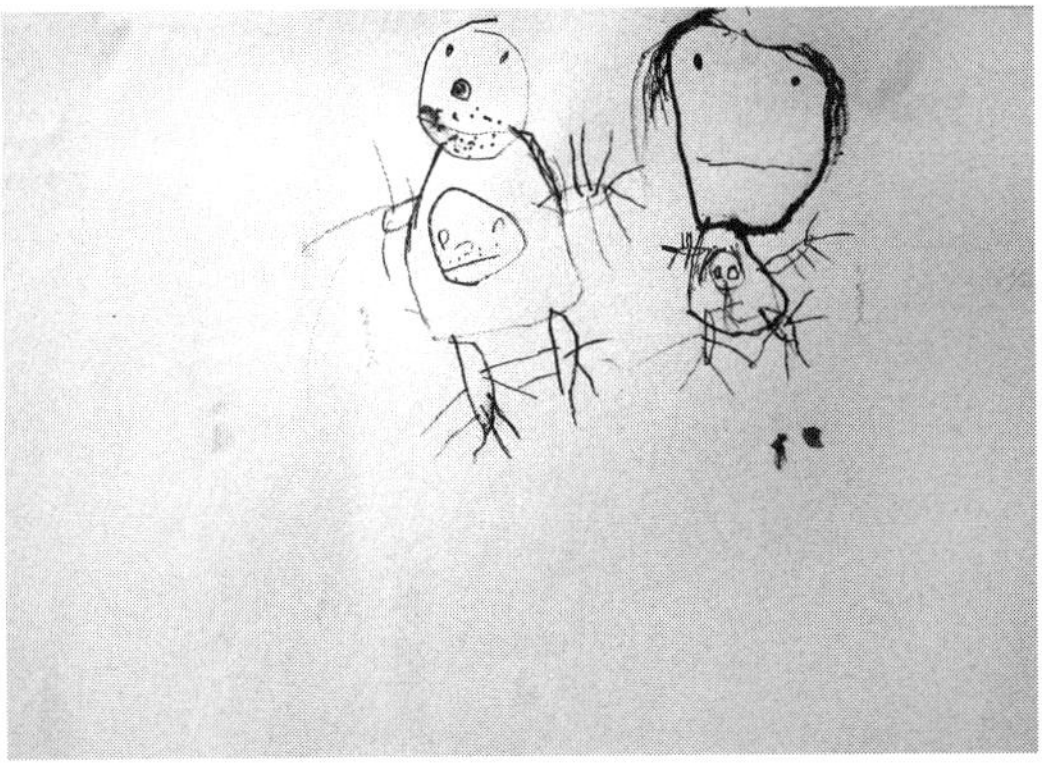

3-33　お母さんのお腹のなかに妹がいる
（5歳）

レントゲン描法は、前述した基底線を引く場合にもあてはまります。基底線の下は地中の様子をレントゲンで撮ったように透視して描いているわけです。

以下も、ある学生が、授業後ノートに記したものです。

子供が描く線は地平線ではなく基底線と知って、私が昔、描いていた絵を思い出すと、たしかに線の下に根っこを描いたりしていました。その絵を母に見せたとき、「地面が透けてるやん！」と言われて、それが自分の絵を悪く言われたように感じて、悲しくなったことがあるのを思い出しました。子供には子供なりの見方があって、それを自分なりに表現しているだけなので、理解してもらえなかったときは悲しいと思います。

何気ない言葉かけが、子供たちの心を傷つけます。確かに地面は透けては見えません。それは視覚的な真実かもしれませんが、土のなかに根っこがあるのはそれを超えた真実です。絵を描くとは、目に見えないものを見えるようにするものだということを知っていれば、子供たちの絵への言葉かけはまったく変わってくるでしょう。

◉展開図描法

池の周りに咲く花、手をつないで輪になっているみんな、綱引きの様子など、子供たちは画用紙を回転させながら描いていきます。そうしてできあがった絵は、真上からその場面をとらえていて、まるで展開図のようにペタッとモノや人物が倒れて寝ているように表現されます。

図3-34は「みんなでうたうと　めちゃた

3-34「みんなでうたうと　めちゃたのしい」（5歳）

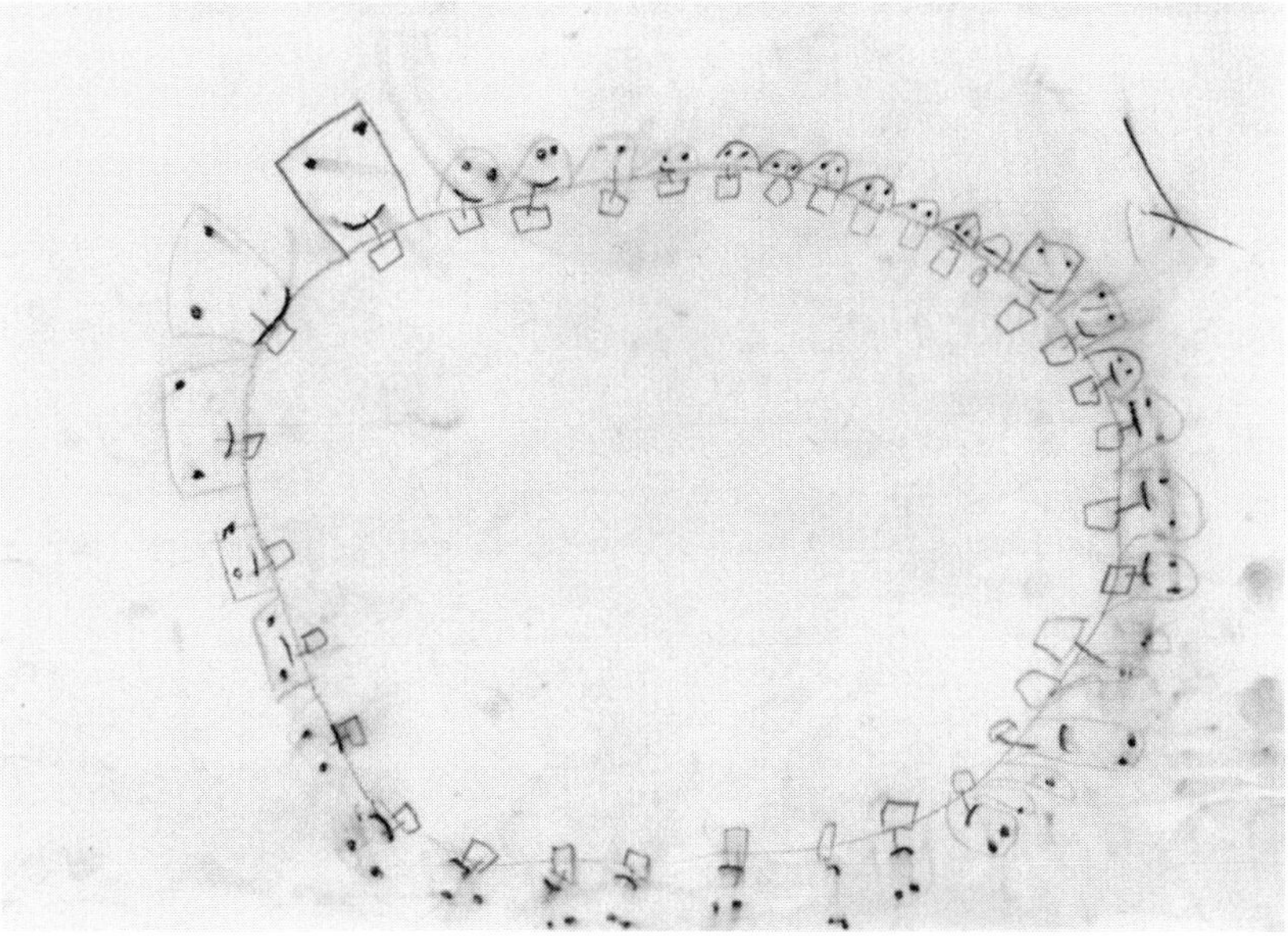

3-35「みんなで　ぎゅうにゅう　のんだよ」
（4歳）

のしい」というタイトルの絵です。ピアノの脚が四本見えていて、展開図のようです。実際のピアノの脚は三本ですが、この子はペダル部分を脚だととらえたのでしょう。ピアノの脚は四本あるのだから、全部見えていなくても四本描く。先生もぺたっと寝ているようですね。子供たちはみんないい顔をして歌っています。全員こっちを見ています。まるで先生に背を向けているようですが、いえ、これでいいのです。

図3-35を見てください。「みんなでぎゅうにゅう　のんだよ」という題の楽しい絵です。友だちの顔がみんな上を向いているように描かれた、典型的な展開図描法です。時計の針でいうと、五十五分あたりから描きはじめたことが一目瞭然です。丸い友だちが四角い牛乳を飲ん

でいます。そこから時計回りに描いていった模様です。ずーっと、丸い友だちが四角い牛乳を飲んでいますが、時計でいうと十分付近で、一度四角い友だちが四角い牛乳を飲んでしまっています。つい、友だちを四角にしてしまったようです。また丸い友だちに戻して、その後も快調に描き加えていきますが、だんだん疲れてきて面倒になってきたようです。友だちが大きくなっていきます。四十分付近からは、ひとを丸く描くということは完全に忘れてしまい、大きな堂々とした四角い友だちが四角い牛乳を飲んでいます。面白いですね。

一生懸命力を入れて描いていた前半、半ばからだんだん疲れてきて、後半はもう早く終わりたいと言わんばかりのいい加減さ。それらが相まって全体に見事な強弱のリズムを醸しだしています。大人から見ると、この絵は、ぐっと目が引きつけられるところと、ふわっと目を休められるところが同居しています。そこに大人は美を感じます。

一流の画家は、画面すべてに力を入れてしまうと鑑賞者の目が休まらず、心地よく感じられないことを知っています。鑑賞者の目を意識しながら計算して画面を綿密に仕上げていきます。ちなみに三流の画家は、すべてをいい加減に描きます。二流の画家はすべてをきっちり描きます。一流の画家は、きっちり描くところと力を抜いて描くところを調和させるのです。子供の絵は、一流画家に劣りません。

そもそも途中で疲れてしまうのですから、最初からこんなに大きく机を描かなければよかったのです。しかしこの子は、机を描いている時は机のことだけを考えていたはずです。そのせいで、下の部分は人物を描くスペースがはじめからありません。「今、過程に生きている」証拠です。「目的、効率、計画に生きる」大人ならば、少し机を小さめに描いて、周りに配置する人物のスペースを確保して、描いている途中で疲れることのないように人物の数をコントロールして最後まで均一な力を使って描くでしょう。そうすれば、計画通りに進み、

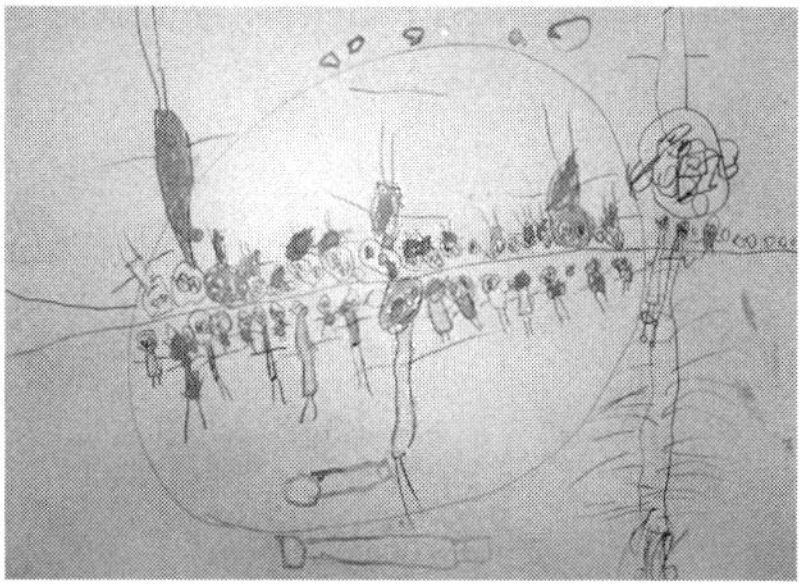

3-36「うんどうかい　がんばったよ」
（5歳）

3-37 五人が手をつないで輪になっているところ
（娘8歳）

効率よく目的に達することができます。その代わり、作品はごくごく平凡な、面白くないものになるでしょう。

図3-36も展開図描法です。展開図描法だと知らされた上でこの絵を見ると、何を描いたのかわかるかもしれません。画面の中央に大きな円があって、その真ん中に一本の長い線があって、その両側にたくさんの人たちが並んでいます。そう、これは綱引きの場面です。

私の娘が小学校三年生の時に、「なあ、なあ、五人が手をつないで輪になっているところを描いて」と頼んでみたことがあります。彼女は、「いいよ」と言って、微塵の躊躇もなく、さらさらっとほんの一分ほどで**図3-37**のように描いてくれました。九歳になる直前、そろそろ前写実期に入る頃です。私は、彼女が今、どんな段階にいるのかなと思って描いてもらったのですが、まだ図式期の真上からみた展開図描法です。

一般的な大人だったら、「五人が手をつないで輪になっているところ」の絵を描くことを求められるとパニックになってしまうと思いませんか。自分の目の位置から五人を見ている光景をイメージするからです。五人の体と体は重なり合い、前を向いているひと、横を向いているひと、斜めを向いているひと、後ろ向きのひとが混在し、五人のつながった手は体で隠れるところがあって、さらにつないだ手は指が絡み合って……。考えただけでもお手上げです。

◉ 積み上げ遠近法

図式期の子供は、上下左右の関係は表現することができますが、まだ奥行きが感じられる表現はできません。モノとモノとは重なりません。では、向こう側にあるものをどのように描くかというと、画面の上へ上へと積み上げていきます。上に描いていくことで遠近を表現するのです。

図3－38は玉入れの絵ですが、応援をしている友だちは、これでちゃんと向こう側にいるのです。決して上空から応援しているわけではありません。この表現で、子供のなかではすべてうまくいっているのです。**図3－39**も積み上げ遠近法で描かれています。線路は、今にも太陽に届きそうです。銀河鉄道かといったところですが、線路は向こうへと延びているのです。

◉ 多視点構図

図3－40は、トロッコ列車の絵です。トンネルを走っている様子

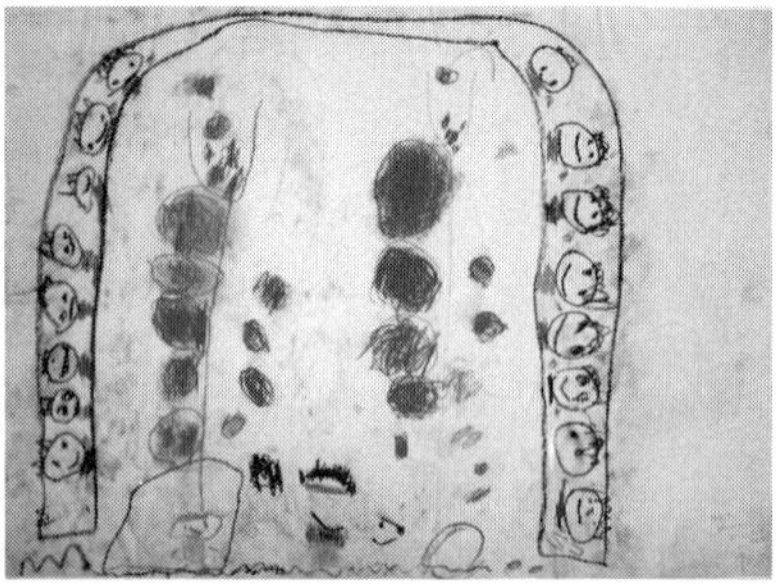

3-38 「たまいれ　みんながおうえんしてくれたよ」
(5歳)

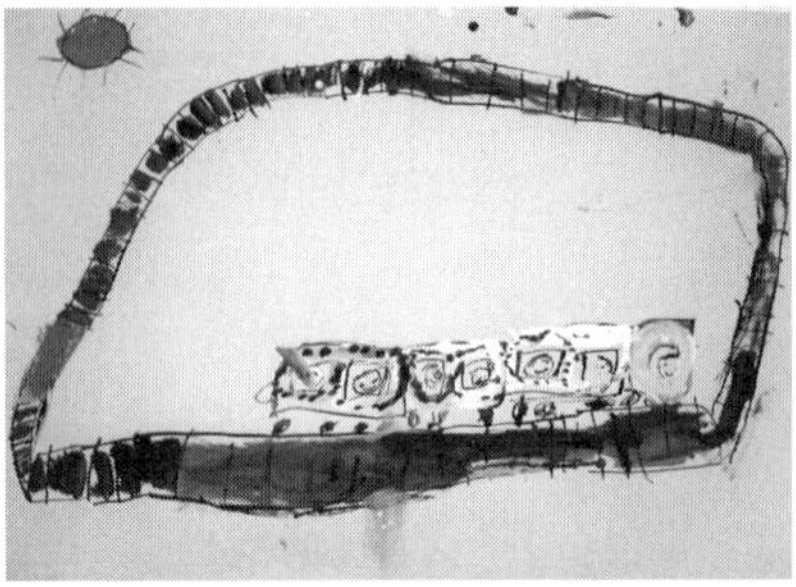

3-39 「みんなで　でんしゃのたびをしたよ」
(5歳)

を描いていますが、トンネルは正面から見ていて、列車は真横から見ています。そして線路は上から見ていま す。列車の正面についているエンブレムは、まるでばこっと折り曲げられたようにこちらに向いています。いろいろな角度から見たものを一枚の絵のなかに構成しているのです。

こういう絵を「多視点構図」と呼びます。これも子供にとっては真実を素直に描きだしているということなのです。むしろ子供にとってだけではなく、絵画としてはこの方がよほどリアルだと言えるかもしれません。絵は絵であって写真ではありません。

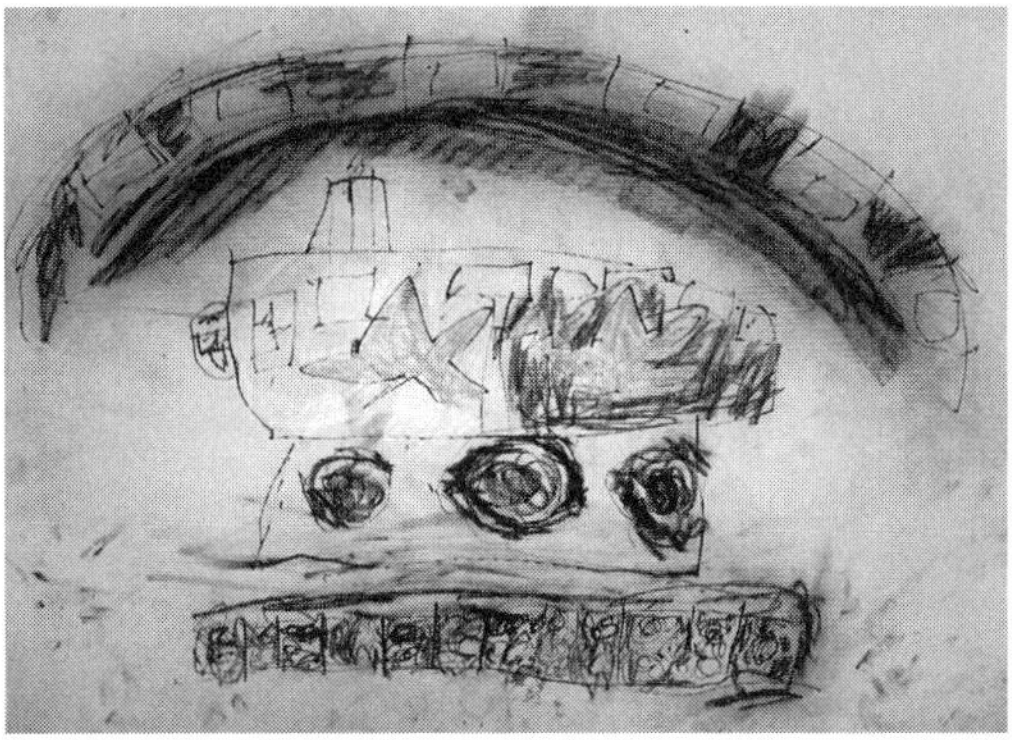

3-40「トンネルにトロッコれっしゃがはいるよ」(5歳)

立体派とよばれたピカソの描き方がまさにそうです。ピカソの人物画は、顔は横を向いていても、目は二つ描いてありますし、鼻の穴も二つ見えています。人間は横を向いていてももちろん目は二つありますし、鼻の穴も当然二つあります。二つ描くことこそが人間の真実を描くということだろうというわけです。

◉ 正面構図

図3-41は「みるくちゃん さわるとあったかいよ」という四歳児の絵です。「多視点構図」とも関連しますが、動物を描く時など、子供たちは「体は横を向いていても顔は前」という表現の仕方をします。ぞうさんを描くときも、ライオンもネコも

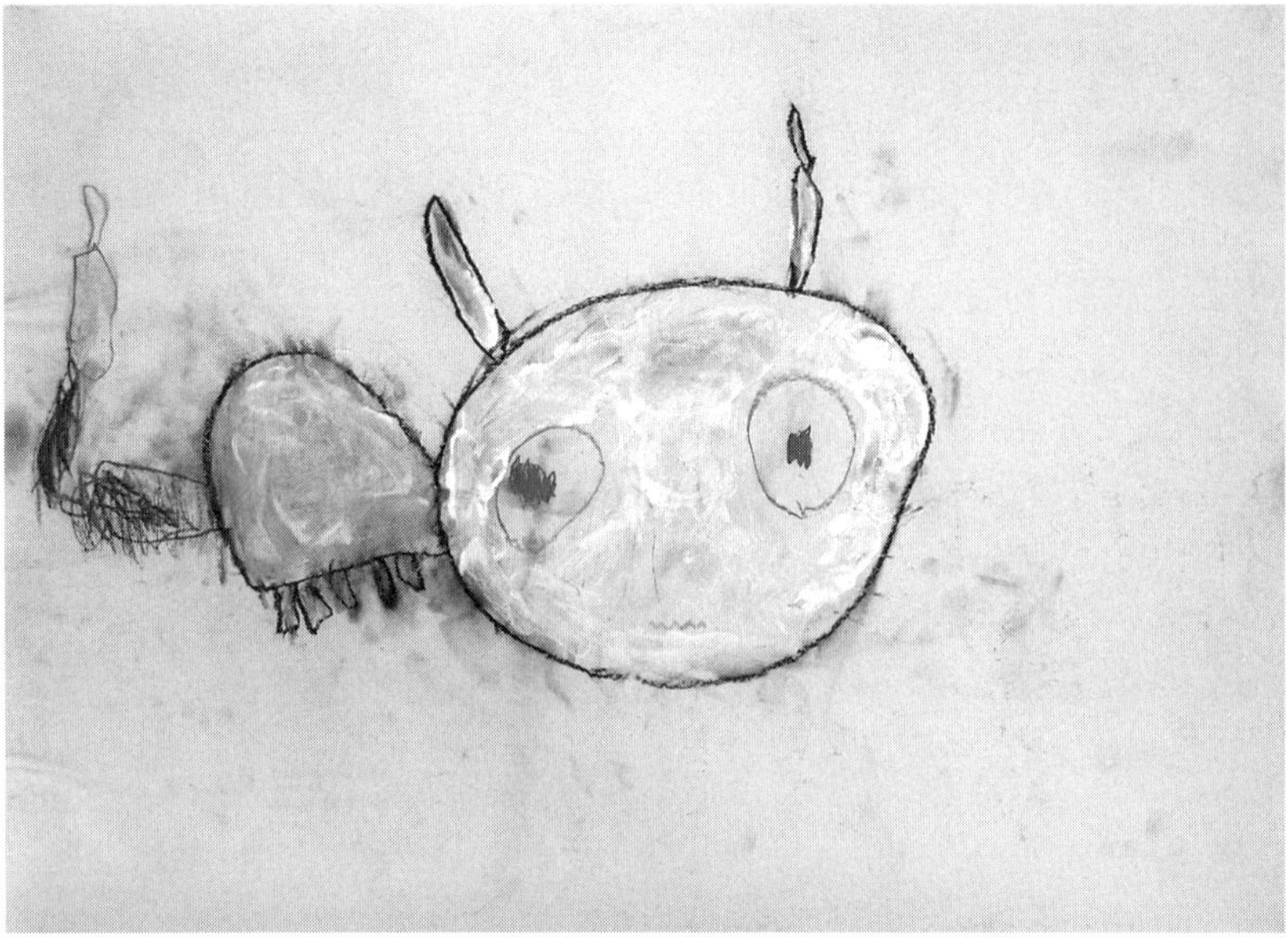

3-41 「みるくちゃん　さわるとあったかいよ」
（4歳）

ウサギも、みんな「体は横を向いていても顔は前」です。古代エジプトの壁画に多用されている「体は正面向きで顔は横」というのとは、多視点的なとらえ方としては同じでも、逆のあらわし方です。

「体は横を向いていても顔は前」といえば思い出すキャラクターがいます。いつもこっちをじっと見ていてくれる、うさぎさん、ミッフィーです。ミッフィーはそれが徹底しています。すべり台をすべっている時も、そりで遊ぶ時も、自転車に乗っている時も、船に乗っている時さえも「体は横を向いていても顔は前」。さらにのこぎりで木を切っている時でさえ！　危険すぎます。よい子は絶対に真似をしてはいけません。ミッフィーのお父さんやお母さんも同じで、家族で車に乗っている時もみんな「体は横を向いていても顔は前」。あげくには、飛行機を操縦している時まで!

ミッフィーがいつもこちらを向いてくれているのは、子供たちにとってはとても嬉しいことでしょう。作者のディック・ブルーナは、子供が「正面構図」で絵を描くということをよく知っているのです。子供の描き方を絵本のなかに取り入れているわけです。

ここまで九つの子供の絵の特徴を見てきました。それぞれ技法のような名称がついていますが、もちろん大人が分類して名づけているに過ぎません。まして子供たちが「今日は、~技法で描いてみよう」などと考えるはずもありません。また、子供の絵なら必ずどれかに当てはまるというわけではありませんし、一枚の絵に複数の特徴があらわれることもしばしばあります。いずれも、そこに子供たちの計算があるわけではありません。子供たちはそのように描いてしまうのであり、そのように描くしかないのです。しかし、だからこそ、その表現は、そこはかとない魅力をたたえているのだと思います。

ここで、プロローグで紹介した、私の幼稚園の時の絵をもういちど見てください。「基底線」、「集中構図」、「レントゲン描法」、「正面構図」といった図式期ならではの子供の絵の描き方であることがわかると思います。それらがまったく躊躇なく使われていて、それを先生が受容し、喜んでおられることが絵から伝わってきます。ですからこの絵は「美しい」と言えるのです。

それでは次に、子供の絵の美しさについて、詳しく見ていきましょう。

3・3 「美」という側面からのアプローチ

子供の絵は美しく、その美しさに私たち大人は時に癒やされ、時に喜び、時に活力を与えられます。そんな子供の絵の美しさにふれる前に、子供の絵というものに、いつ、どのようにして関心が持たれるようになったかについて述べたいと思います。

まずは、いつから子供が存在するのか、というところから話を進めていかなければなりません。太古の昔、人類のはじめから存在していたに決まっているのだから、それは愚問だと思われるかもしれません。ところが、子供が子供として見出された、発見されたのは最近のことです。なにか頭が混乱してきますね。ずっと昔から子供はいたのに、最近発見されたというのはどういうことでしょうか。

西洋では、百年より少し前、十九世紀の終わりから二十世紀の初頭において、教育についての新しい研究方法が生まれ、子供主体の教育観が提案されるようになりました。そこで初めて子供は子供として認識されるようになったのです。それまでは子供を、小さくて未熟な大人としてしか考えてこなかったのですが、そもそも大人とは質的に違う存在なのだという「子供の発見」がなされたのです。

「子供の発見」に引きつづいて「子供の絵の発見」が導かれていきました。子供の絵は発見されて百年ほどしか経っていないのです。

子供が発見される以前には、子供の絵など、とるに足らない、大人の絵の未熟な表現とみなされていました。ですから、誰も子供の絵に注目などしませんでした。価値のないものだったのです。何百年も前の子供の絵というのは、まったく残されていません。昔の子供もおそらく今の子供と同じような絵を描いていたに違いないと思われるのですが、その物的証拠がありません。紙がなかった、あるいは貴重なものだったので、子供には与えなかったという面もあるでしょう。地面や木に描いていたものは残るはずもありません。大人の絵は、たとえば何万年前の洞窟の壁画であっても、価値が見出されたならば、守られつづけます。一方子供の絵に対しては、後世まで保存しようという発想自体がなかったのです。

ところが、ウィーンの美術教育学者、フランツ・チゼックが開いた子供のための画塾によって、子供の絵に一躍脚光が浴びせられることになりました。チゼックは子供たちと一緒に絵を描いているうちに、子供たちの絵のなかに、大人のそれとはまったく違う固有の魅力を見出しました。彼は「子供時代」に独立した価値を認め発展させ、成熟させよ」(ウィルヘルム・ヴィオラ『チィゼックの美術教育』久保貞次郎・深田尚彦訳、一九七六年、黎明書房、一八頁。)と主張し、「子供たち自身によって成長させ、のです。彼がロンドンで開いた子供の作品展は大きな反響を得ました。

その勢いは、人間の根源的なところから美術をとらえていこうとする当時の美術運動とも呼応しました。単なる視覚を超えて、感情を表出し、直感的なとらえ方をしたゴッホ、対象をさまざまな視点からとらえて、それを画面に再構成したキュビスムのピカソ、具体的な意味のない形や色で抽象絵画を描いたワシリー・カンディンスキー、心の奥底に潜むメッセージを取りだして描いたシュルレアリスム(超現実主義)のサルバドール・ダリなどの近代美術の流れは、それまで稚拙だとしか思われていなかった子供の表現のなかに、価値や魅力を見出すことにつながったのです。

このように、教育全般および美術教育に新たな視点が導入されたことと、美術界における革新が加速していくなかで「子供の絵」は発見されたのです。日本において、子供の絵に学術的な関心がもたれるようになったのは大正時代のことであり、本格的に注目され研究されるのは、第二次世界大戦後です。

では、ここから子供の絵に「美」という側面からアプローチしていきましょう。

教育家で画家でもあったルドルフ・テプファーは、「なぐり描きをする幼いミケランジェロと不滅の芸術家のミケランジェロの間の差は、徒弟時代のミケランジェロと不滅のミケランジェロの間の差よりも小さい」（ハワード・ガードナー『子どもの描画――なぐり描きから芸術まで』星三和子訳、誠信書房、一九九六年、九頁。）と述べました。私が言いかえてみると、「幼少期のミケランジェロは、他のすべての子供たちと同じように芸術的な作品をつくっていた。写実期を迎えた青年期には、表現の技術は当然高くなったが、芸術性はいったん低くなっている。その後、大人になって比類なき芸術性をたたえた作品をつくった。考えてみると、幼少期と完成期のミケランジェロは芸術性においてより近く、青年期と完成期のミケランジェロのあいだの方が隔たりがある」というわけです。すなわちテプファーは、ミケランジェロを引き合いにして、子供の絵の芸術性を再評価しているのです。ピカソが、「かつて私はラファエロのように描いていた。しかし子供のように描くのを身につけるのに、一生涯かかった」と言ったのは有名です。これほどまでに子供の絵は魅惑的で、子供の絵が発見されて以来、多くのひとびとの心をとらえてきたのです。

しかし、子供の絵はたしかに「芸術的」ではありますが、「芸術」と呼ぶことはできません。子供は芸術家ではないのです。子供は絵の出来具合をコントロールしているわけではなく、これまで見てきたように、ただそう描いてしまう、ただそう描くしかないのです。頭と手が直結しているかのように連動し、そこにねらいや目的、作戦、戦略といったものが介入していないのです。批評家のアンドレ・マルローは、「才能が子供を支配しているのであって、子供が才能を支配しているのではない」と指摘しました。

子供の絵のような作品を描いた、パウル・クレーは、次のように述べています。

私の作品を子供たちのそれに移し替えてはいけない。二つは別々の世界なのだ。子供は芸術について何も知らないということを忘れてはならない。芸術家はこれに対し、自分の絵の意識的な形式的構成にたずさわっている。絵の表象的な意味は、無意識の連想を経て、意図をもって現れる（同前、九頁。）。

難しい表現ですが、芸術家は、自らの無意識にさえ意識を向けて、それをつかみながら表現しているんだ、というわけです。

たしかに子供たちは、芸術家のように絵をコントロールできていないけれども、何ものにも囚われていません。そこには自由で伸び伸びした表現があらわれます。それが子供の絵の美しさの秘密ということになりますが、子供と大人は質的に異なることを忘れてはなりません。私たちは、子供に天才を見つけてしまいそうになりますが、それは単なる大人との違いであって、勘違いしてはいけないのです。そのことを踏まえた上で、だからこそ子供の絵は大切にされなければならないと私は考えています。

さて、子供の絵の美しさには二種類あるように思います。子供の心情が十分にあらわれた「内容美」と、形や色が魅力的な「形式美」です。

内容美を備えた絵とは、子供のその時の感情や思いがストレートに表出された作品のことです。生きる喜びがほとばしるような、伝えたい思いが溢れんばかりの力強い作品です。

また、しばしば喜びだけではなく、辛い思いや悲しい感情が素直に出てくることもあります。私たちは子供に幸福であってほしいし、喜びに満ちた作品をつくってほしいと願ってはいますが、マイナスの感情を表出した作品も、子供は描くことによって思いをはき出し、癒やされていくという点において、内容美を備えた素晴らしい作品なのです。「どうしてこんなに暗い色ばかり使うのだろう」、「なぜこんなに荒っぽい線を引くのだろう」、「どうしてこんなに自信なさげに小さく描くのだろう」と感じて、それを否定的にとらえてしまう時、子供から遠ざかってしまうことになります。

もうひとつ、形式美を備えた子供の作品があります。色や形、構成、線、筆使い（タッチ）などが素晴らしい場合です。私たちは、そういう絵に出会った時、さぞ子供の内面に豊かで望ましい世界がひろがっているのだろうと想像します。しかし、ここでは注意が必要です。くり返し述べてきたように、必ずしも子供は意図的に表現したわけではないということです。

子供の絵は驚くほど大胆で、リズムがあって、躍動感にあふれています。迷いがありません。大人のように描く前に躊躇しません。上手く描こうと構えないのです。あるいは、楽しんでいるうちに偶然、いい線や色が生まれるのです。ただ子供たちはその美を自覚し、その美しさを通して何かを表現しようとしているに違いないとは思い込まないことです。これらの美しさは否定されるものではありませんが、少し距離を置いて冷静に見つめないと、その美しさに私たちはつい溺れてしまうのです。

さて、子供の絵に溺れないでおこうとは思いますが、それでもその美しさは否定しようがありません。ここで、いろいろな画家の絵と子供の絵を比較鑑賞してみましょう。

まずは、スイスの画家、パウル・クレーの絵と子供の絵です。**図3-42**のクレーの絵は鳥でしょうか、迷いのない、そしてやさしい線で簡潔に描かれていて、たいへん魅力的です。一方の子供の絵もまったくひけをとりません（**図3-43**）。線にはまったく迷いがなく、なんと生き生きしていることでしょう。また、幸せ感に満ちた頭足人の表情に心が温かくなります。次は、アニミズム対決とでも言いましょうか。クレーの作品（**図3-44**）は、無造作に切り取られたような形でありながら変化と統一感があって、そのリズムが見事です。魚のような生き物には目があるだけですが、バリエーションに富んでいます。一方の子供の作品（**図3-45**）も負けていません。島根県松江市の子供の絵です。なんとシジミに顔があるなんて！宍道湖にはこんなシジミがいるのでしょうか。湖の恵みへの愛情が伝わるとともに、シジミとり名人のお父さんをとても誇りにしているこの子

3-42 パウル・クレー
ハワード・ガードナー『子どもの描画――なぐり描きから芸術まで』5頁から転載

3-43 頭足人（3歳）
黒川建一編著『保育内容 造形表現の探究』口絵から転載

の思いに心打たれます。**図3-46**のクレーの絵は、彼の代表作のひとつともいえる《セネシオ》です。幾何学的な形が基本となっていますが、ところどころ線が斜めになっていたり、段差があったりして、変化が楽しめます。色の組み合わせも心地いいです。焦点の合っていないような瞳になぜかほっとさせられます。一方、子供の絵の牛さんは目をつむって、幸せそうな表情で

3-44 パウル・クレー
《うごきまわる魚》
1926、えんぴつとペン、個人蔵

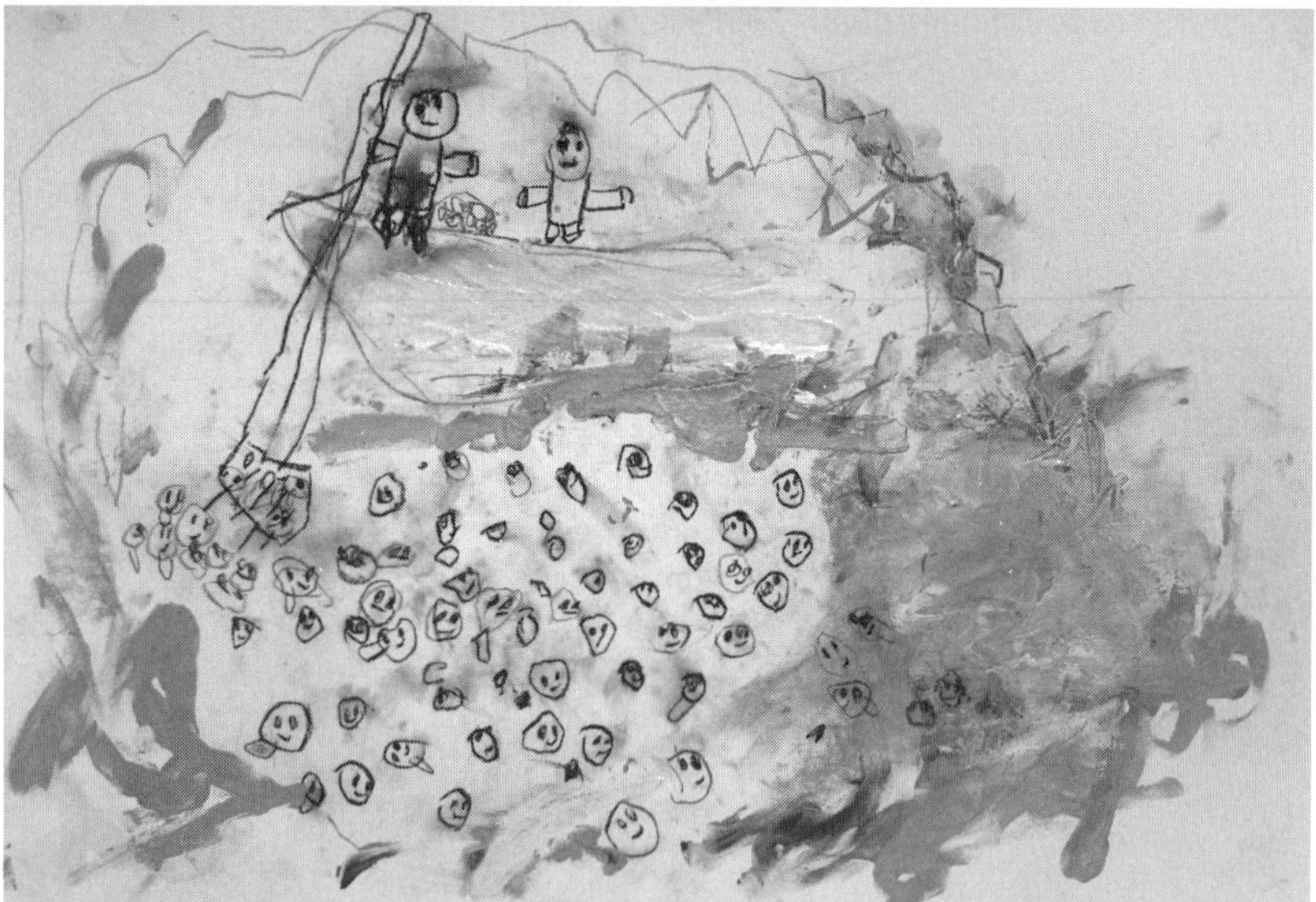

3-45「ぼくのおとうさん　しじみとりめいじんだよ」
（5歳）

3-46 パウル・クレー
《セネシオ》
1922、油彩、40.5×38.0cm、バーゼル美術館

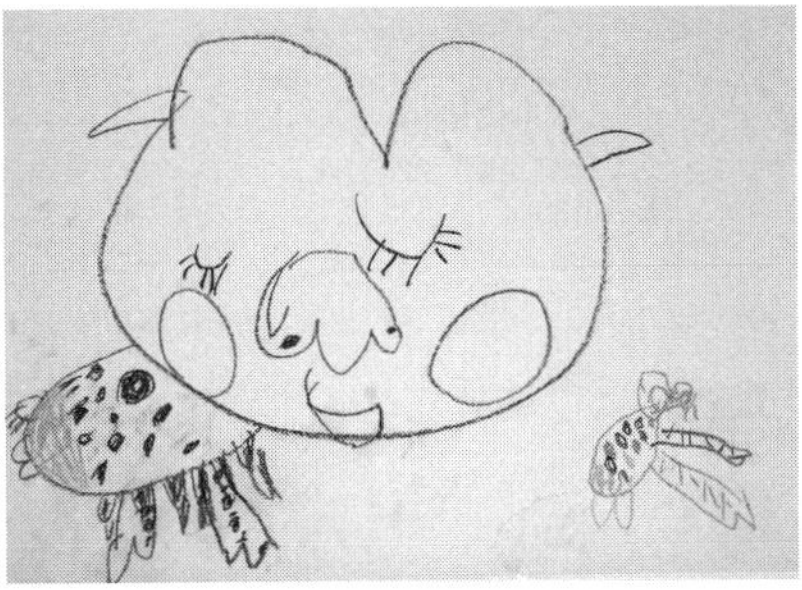

3-47「おかあさんうしが　めをつむって
ねむっていたよ」
(4歳)

す（図3-47）。少し首をかしげているようで、そこに動きを感じます。頭と身体の大きさのアンバランスな加減がよく、配置も素晴らしいとしか言えません。

　次は、フランスの画家で、子供の絵を収集してもいたジャン・デュビュッフェの作品と並べてみましょう。デュビュッフェの絵（図3-48）は、勢いのあるタッチで描かれていて、色彩も激しく、なんだかちょっと恐ろしさも感じますが、人物の表現はたいへん素朴で、解放感があります。一方の子供の人物を見てください（図3-49）。とても

3-48 ジャン・デュビュッフェ
《勝手きままに描かれた4つのかたち》
1982、油彩、パリ国立近代美術館

3-49「おとうさんに　かたぐるましてもらった」
(3歳)

細い線ですが、幸せな気持ちに満ちあふれています。お父さんに肩車されているところで、お母さんはその姿をやさしく見つめています。

つづいて、スペインの画家、ジョアン・ミロの絵と子供の絵です。ミロの絵はデフォルメ（変形、歪曲）された人物が有機的な形で描かれていて、たいへん楽しい気持ちになります（図3-50）。赤や青の原色を使って、鮮烈な色使いが印象的です。天地もあるようなないような、重力に逆らっているかのような自由さです。上下もなく、フワフワと浮いているということでは三歳児は負けていません（図3-51）。これは玉入れの絵ですが、頭足人が縦横無尽に大活躍しています。なかには完全にひっくり返っているひともいます。その動き、リズム、紅白のバランスとコントラスト（対比）、すべてがお見事です。

最後は、アメリカの画家、ライオネル・ファイニンガーとの比較です。子供の絵を先に見てください（図3-53）。これはサンマパーティーの絵です。なんと巨大なサンマでしょう。その迫力に圧倒されます。アシンメトリー（非対称）な構図や、サンマのプロポーション（比率・割合）、ほんの少しだけこすり塗られたパスの調子にも、なんとも言えない味があります。一方、ファイニンガーは巨大な男の人を描いています

3-50 ジョアン・ミロ《太陽の前の人と犬》
1949、油彩、バーゼル美術館

3-51「みんなでたまいれ　たのしかったよ」（3歳）

（図3-52）。ファイニンガーは、人物の背の高さを強調するために膨張色である白で塗り込み、背中を丸め、遠景の建物より上に頭部を配置して、あえて画面からはみ出させています。手前の建物には遠近法を用いて壁を斜めに描き、両足のあいだに小さな黒い人物を配しています。これらの仕掛けによって、白い人物の背の高さを際立たせているのです。それらはすべて計算済みの表現です。

最後の比較からもわかりますが、画家と子供ではアプローチがまったく違います。これが芸術か芸術的かの差異です。それでも、並べてくらべてみて、ともに唸りながら鑑賞できるほどのでき栄えになっています。

ここで、フランスの画家、彫刻家であるジャン・フォートリエの作品を見てみたいと思います。まず図3-54を見てください。まるでなぐり描きです。斜めの線が激しく行き交っています。図3-55は、なんだか顔のようです。手足のない人間です。目が大きいですね。これは命名期から前図式期の表現のよう

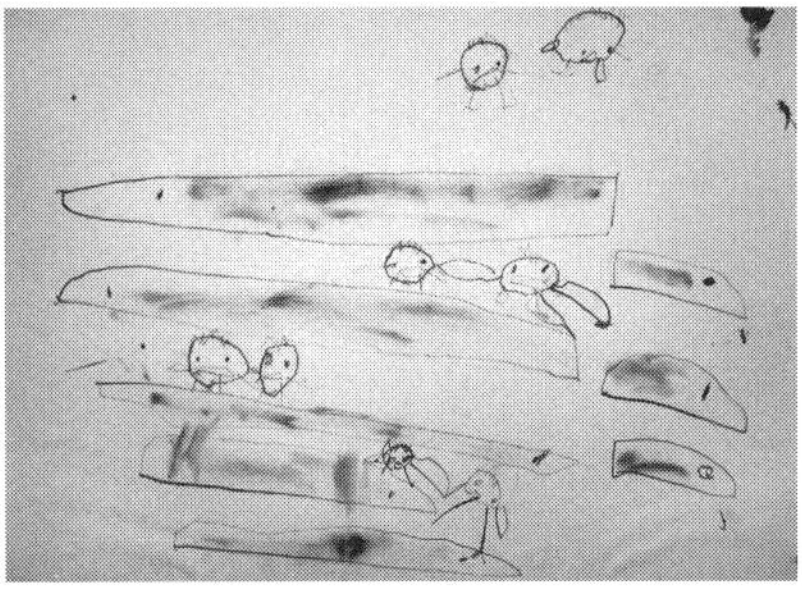

3-53 「サンマパーティーしたよ」
（3歳）

3-52 ライオネル・ファイニンガー
《白い男》
1907、油彩、
ティッセン＝ボルネミッサ・コレクション、マドリード

です。つづいて図3－56は《三つの梨》です。なんとなく梨だということがわかります。容器のなかに入っているのでしょうか。そうであるならレントゲン描法のようで、図式期の表現です。しかし、重なりが表現されているので、前写実期の要素もあります。そして図3－57はリアルなおばあさんの絵です。顔のしわも丹念に描かれ、廊下の角を描いたような背景も奥行きが感じられて本物のようです。これはまさしく写実期です。

このように並べてみると、フォートリエの絵は、なぐり描き期→命名期→前図式期→図式期→前写実期→写実期というように、見事に絵の発達に沿っているかのように見えます。しかし、実はなぐり描き期のような《黒の青》は一九五九年（六十一歳）、命名期、前図式期のような《人質の頭部》は一九四四年頃（四十六歳頃）、図式期、前写実期のような《三つの梨》は一九四二年（四十三歳）、写実期のような《管理人の肖像》は一九二二年頃（二十四歳頃）に描かれているのです。道筋が逆なのです。

こういうことは、多くの画家にあてはまります。写実の極致まで至ったのちに、それがあたかも崩れていくように原初的な表現へと回帰していくケースは決して稀ではありません。ピカソにしても、ピエト・モンドリアンにしても、カンディンスキーにしてもそうなのです。フォートリエはなぐり描き期まで戻ったのですから逆戻りの度合いがかなり激しいと言えます。

省略し、強調し、変形させていった時に出現する美というものと幼児が描く絵の美には共通点があり、画家たちが芸術性を追い求めて到達した域は、まるで幼児が日常的に表現しているものであったりするわけです。

小さな子供の絵はまさに芸術性をたたえていて、その後前写実期、写実期に向かうに連れて、いったん没個性的で画一的な表現へと向かいます。しかしそれを通り過ぎて芸術家としての花が開く際に、まるでUターンするかのように小さな子供のような芸術性を持ち直していきます。

子供の絵は、芸術家の絵に匹敵するほど美しいのです。しかしいわゆる大人は、その魅力に気づきにくいものです。

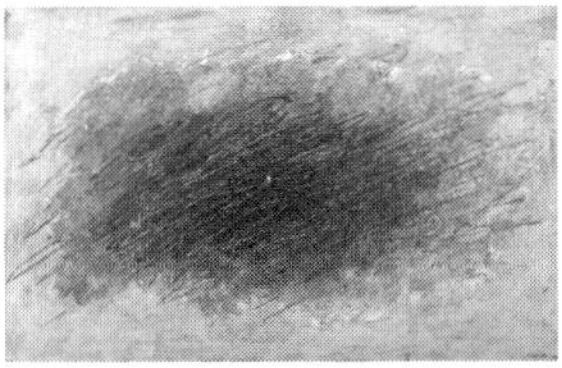

3-54 ジャン・フォートリエ
《黒の青》
1959、油彩、81×130cm、
個人蔵

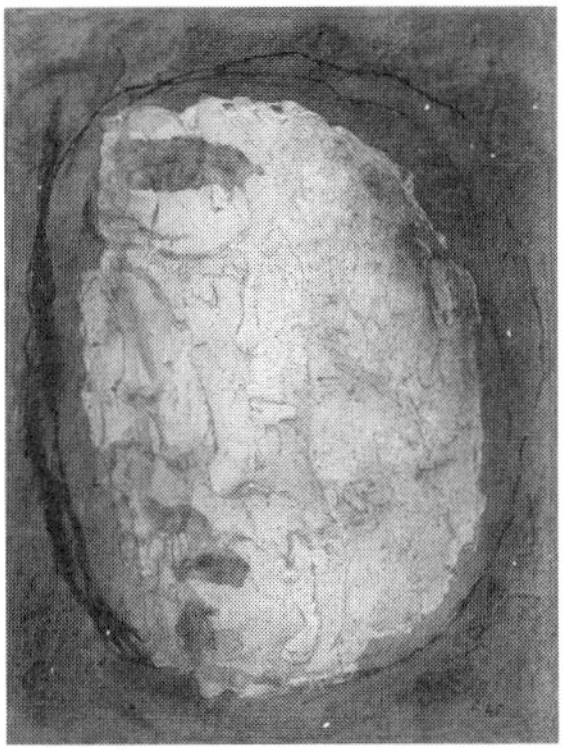

3-55 ジャン・フォートリエ
《人質の頭部　No.8》
1944-45、油彩、顔料、
35×27cm、個人蔵

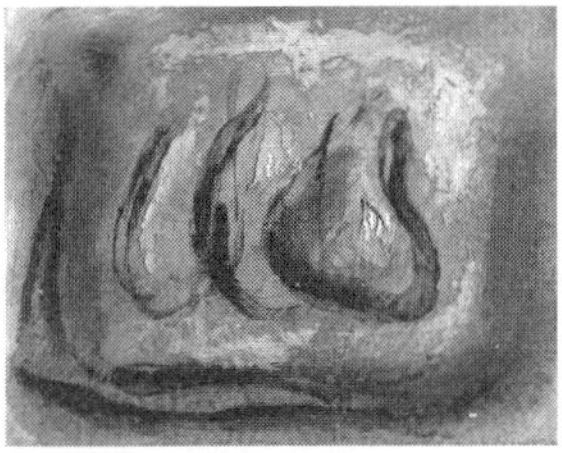

3-56 ジャン・フォートリエ
《三つの梨》
1942、油彩、顔料、27×35cm、
個人蔵

3-57 ジャン・フォートリエ
《管理人の肖像》
1922頃、油彩、
81×60cm、
ウジェーヌ・ルロワ美術館

3・4 「心理」という側面からのアプローチ

子供の表現は、その心性が出発点であり、子供自身の本能や衝動、欲求に基づいておこなわれる活動です。大人の作品と子供の作品は本質的に違います。子供の絵が「何かを表現したい」「何かを伝えたい」という目的をもった強い意志にいつも満たされているとは限りません。

子供は、すでに見たように、動かした手から線が生み出されるという運動を純粋に楽しんでいるだけかもしれません。あるいは、子供本人にもわからない衝動に駆られて描いている時もあります。ですから、年齢が低いほどに、「何を描いているの?」と子供にたずねることが、たとえ優しい気持ちから発したとしても、必ずしも子供にとってよい声かけであるとは言えないことが理解されます。「何を描いているの?」とたずねることは、絵とは「何か対象や出来事を描くものだ」ということを暗に要求していることになるからです。絵を描くときは目的をもつものだと強要している可能性があるということです。それが何度もくり返されると、やはり「目的をもつ」ということがいいことなのだと子供は無意識に感じていくのです。

一方で、子供の絵が「心のメッセージ」をあらわしていることもたしかです。ただし、それが必ずしも子供が「伝えたい」と自覚している場合のみではないことは認識しておきたいところです。

子供たちは描いた絵を持ってきて、いろいろなお話をしてくれます。子供たちは「伝えたい」ことは一生懸命ことばにもしてくれますから、お話を聞けば、何を描きたかったのか、何を伝えたいのかがわかります。しかし、心の深層、無意識の世界を無自覚に描いたり、つくったりするなかで、それが、色や形、構図などにあらわれてくることもあります。これらについては、本人は話してくれません。子供の絵からは、本人が「伝えたい」ことだけではなく、「伝わってくる」ことがあるのです。大人はその「伝わってくる」ことに対して敏感でありたいと思います。本人も意識していない表現のなかに、その子の「今」が潜んでいるのです。

時には、描くこと、つくることを通してストレスや不満を発散します。悲しい心持ち、寂しい気持ち、辛い心情が絵にあらわれることもあります。子供の造形から、その子がどんな体験をしたのか、どう認識したのか、どんな気持ちを抱いたのかを受け止める姿勢が大切です。簡単なことではありませんが、その構えこそが子供理解につながります。

では具体的に、子供の絵を心理的な側面から見ていきたいと思います。

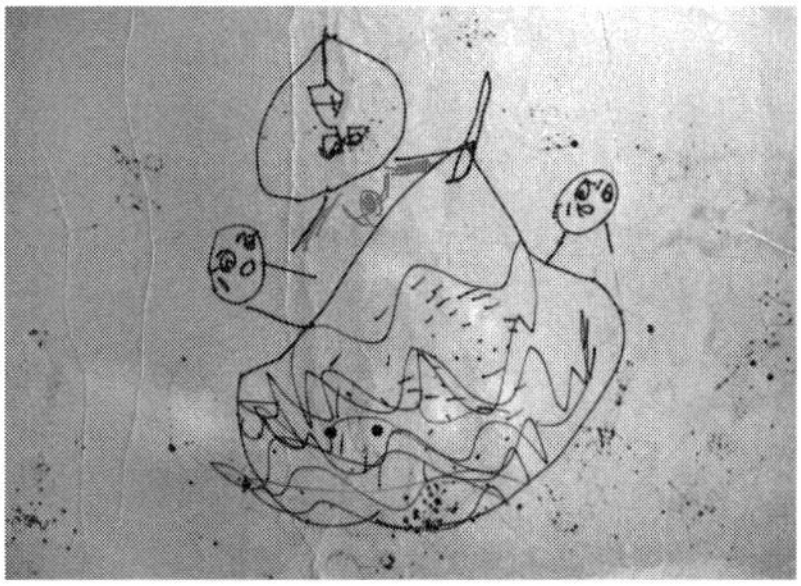

3-58 大きなお芋はなかなか抜けません
（息子4歳）

図3-58は四歳の男の子が描いた絵です。この子は父親の転勤の都合で、幼稚園の年長クラスに上がる時に転園せざるを得なくなりました。これは新しい園に入って五日目に描いた絵です。右側に描かれているのは自分です。大きなお芋を掘り起こそうとしていますが、お芋は抜けません。そこで父親（画面左側）に応援を頼むのですが、それでもお芋は抜けません。そこで、ウルトラマン（画面中央上）に応援を頼むこと

に！　男の子は、このようなことをつぶやきながら、この順序でこの絵を描いていきました。

実は、男の子は当初、新しい園で友だちができなかったのです。そのことを両親に訴えてもいました。その精神的ストレスを表出し、発散しようとしているのがこの絵なのです。本人にもよくわからないもやもやした気持ちが、お芋掘りというかたちに無意識にたとえられています。そのことに気づいた父親は、さっそく押入から布団を引っぱり出してきて布団をお芋に見立て、一緒にお芋掘りごっこに興じました。男の子の思いに共感して、遊びを通して困難を分かち合ったのです。その後、男の子には、自然と友だちができていきました。むろん、父親がそういう行動をとったことが、子供の友達づくりに直結したわけではないでしょう。しかし、その不安な気持ちを受け止め、共感し、共に立ち向かおうとしてくれた父親の寄り添いは、その子に大きな安心感を与えたのではないでしょうか。――これは、どこかの家族に取材して書いているようですが、実は、この子は私の息子です。他人ごとのように書きました。申し訳ございません。

次も四歳の子が描いた絵です（図3-59）（これは私の子供ではありません）。ひまわりのような花、黄色く輝く星、にこやかなちょうちょ……。一見、明るくて何の問題も感じられない作品のように見えます。僕……。

放射状型の花は太陽と共通したイメージがありますが、これは父親を象徴する場合が多いのです。たとえ花であってもそれは人物よりも上部に配置されるのが子供の描き方の常です。それがもっとも下部に描かれています。本来、頭の上にある星も、同様に下の方に描かれています。

3-59　一見健康的に見えますが……（4歳）

ちょうちょは別離を象徴することがあります。人物の体も描けるであろうこの子は、足すら描こうとしていません。押さえつけられたような頭の形。点在する黄色……。ちなみにこの絵、女の子が描いた絵のように見えますが、男の子が描いたものです。

実はこの子は、両親が離婚して母親と二人で暮らしていて、忙しい母親から、普段あまり受け容れてもらえない状況にありました。お母さんはこの子のことを思い、一生懸命働いて、愛情も注いでおられたのですが、それが行き過ぎの傾向にありました。その子は過剰な干渉を受けていたのです。この絵は、父親のいない寂しさと母親に甘えたい気持ち、それが満たされないという不満を訴えているのです。

この子の担任の先生と私は、近く園で開催される親子活動に目をつけました。この機会に、お母さんには一時でもふだんの忙しさを忘れ、子供とたっぷりかかわっていただこうと考えたのです。

当日は、造形活動をおこなうことにしました。その日、男の子は母親と一緒に、壁面に貼られた特大の模造紙にとても大きな黄色の機関車を描きました。四十五分間ほどのあいだ、ふたりとも、たいへん集中していました。黄色という色は、甘えや依存、愛情を欲している時に子供が使うことがあります。「べったりくっつきたい」というニュアンスです。機関車や船のような大きな乗り物は、母親の象徴であることが多いのです。この日、男の子は一時的にせよ、母親にたっぷり甘え切ることができたようです。その顔は大きな満足感と安心感に満ちあふれていました。その顔を見て、担任の先生と喜び合いました。

その後、小学校へと上がっていった彼は、どうしているでしょう。追跡はできていませんのでわかりませんが、幸せでいてくれることを願うばかりです。

次に、連続した三枚の絵を見てください。四歳の男の子が描いた絵です。この三枚は、連続した三日間に一枚ずつ描かれたものです。よく見てください。どのように変化しているでしょうか。いずれも登場人物はひとりです。こういう場合、それは間違いなく「自分」です。一枚目で「自分」は三角屋根の家から少し離れたところに立っています（図3－60）。次の日に描いた二枚目では、家にずいぶんと近づいています（図3－61）。そして三日目で、「自分」は家のなかに入りました（図3－62）。

私が、この絵を描いた子の担任をしている幼稚園の先生にこの絵を見せてもらった時、三角屋根の家はお父さんをあらわすことが多いので、この子はお父さんに叱られ、直後は距離感を感じていたが、この三日間ですっかりそれがなくなった。お父さんから許してもらえたのか、いやな思いが癒やされていったのだろうと

3-60　6月25日
（4歳）

3-61　6月26日

3-62　6月27日

分析しました。私の推測は、方向性はまちがっていなかったものの、外れていました。この絵の意味はさらに深いものでした。先生の話を聞いて、私は衝撃を受けました。それはなんとも嬉しい衝撃でした。先生は当初、この絵の意味がわからなかったそうなのですが、私の分析にはっと思いあたったように、男の子のことを話してくださいました。

実は、この子の母親がつい最近再婚して、新しいお父さんが家にやって来られたのだというのです。一枚目の絵は、新しいお父さんが来られた初日に描いたもの、二枚目が二日目に描いたもの、三枚目が三日目に描いたものだというのです。そうです、新しいお父さんへの距離感がそこに示されていたのです。なんともいじらしく、私は涙が出ました。初日は、家のなかに入ることができないほどの距離、違和感を持っていたのでしょう。それが三日のうちに、お父さんをあらわす三角屋根の家のなかに入ることができた。どの顔もニコニコしたいい顔をしていますから、新しいお父さんのことをいやがっている様子は感じられません。先生によると、男の子は新しいお父さんを以前から知っていて、すでに大好きになっていたとのことでした。ですから、お父さんが来てくれたまさにその日、緊張はするものの、その喜びがこうやって表現されていたのです。三日間という短い時間のなかで、男の子はお父さんのなかに飛び込むことができたのでしょう。よかった！本当によかった！

図3–63を見てください。この子は人物を描くときは必ず、口をこうやって塗りつぶすのです。塗りつぶす行為は、その部分が消えてなくなればいい、隠したい、触れられたくないという心情と結びついています。実は、この子の両親はとても口うるさく、それをこの子はたいへんいやがっているわけです。口というこの部分

からいやなことが出てくる、だからそこを葬りたい。そんな気分なのでしょう。

図3-64はどうでしょうか。この絵を描いた子は右目にチック症状があって、それを両親にいつもやめるように指導されています。ですから自分を描くときに必ず右目を塗りつぶします（ちなみに、子供の絵では、向かって右側の目が右目です）。いつもいつも注意されることがストレスになっていて、「こんな目はなくなればいいのに」という悲痛な思いで塗りつぶされています。注意することがまったく逆効果となり、自分の身体を大切に思うことができなくなっているわけです。

つづいて図3-65と図3-66を見てください。両方とも同じ子供が描いた絵です。図3-65は、出口のない袋小路に向かって魚のような生き物が進んでいて、息苦しい感じがします。図3-66では、雲は荒いタッチの青

3-63 必ず口を塗りつぶして描く

3-64 右目が塗りつぶされている

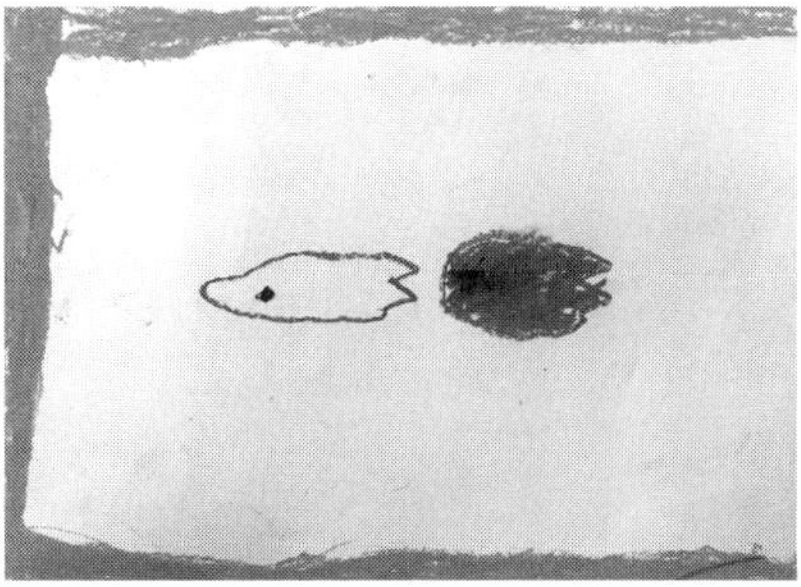
3-65 不自由を感じている子供の絵 ①

3-66 不自由を感じている子供の絵 ②

空に囲われ、身動きができません。枕のような物体は空を浮いてはいるものの、角張ったかたちで自由な感じが伝わってきません。実はこの子は脚が不自由なのです。補助具なしには自由に歩くことができません。そんな不自由な感覚がこの絵にあらわれているのです。

　つづく図3-67と図3-68は、いずれも私の教え子が担任するクラスの子供が描いた絵です。彼女は、絵を描いた子供の状況を話してくれました。図3-67を描いた子は、絵を描くときには必ずお母さんを真ん中に大きく描き、そのそばに妹を描きます。そして、少し離れたところに(この絵では画面右下)、わざわざクレヨンを持ち替えて、紫色で自分を

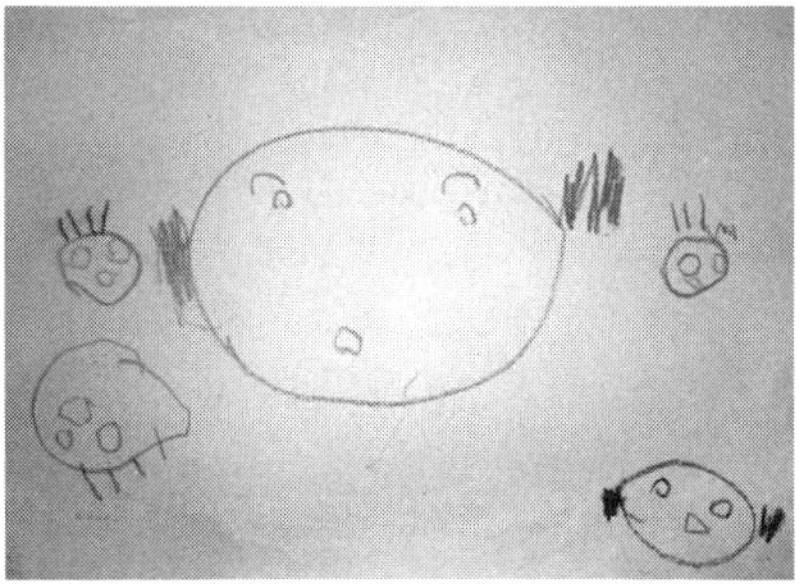
3-67 離れた場所に、違う色の自分を描く子供

3-68 お父さんのことが大好きなのですが

描きます。この時期、この子は、毎回毎回このように描いていたと言います。これだけで十分に気持ちが伝わってきますね。心に突き刺さります。**図3－68**を描いた子は、お父さんのことが大好きです。お父さんはいい顔をしていますが、どこか不自然な感じが漂います。色です。お父さんの口が水色で塗り込まれているのです。髪の毛も水色です。色使いについてまだ無頓着な時期とはいえ、やはり不自然です。実は、この子はお父さんが大好きなのですが、お父さんは怒ると+とんでもなく怖いのです。青系の色は、黄色とは反対の関係にあります。黄色が甘えや近づきたいという感情を伴うのに対して、青色は距離を置きたい、独立、抑圧を意味することがあります。この絵には、お父さんへの緊張感があらわれているのです。

以上のような、子供の作品に、要求や感情、人格が投影されるという研究は、一九〇〇年頃からはじめられ、多くの心理学者や教育学者によって進められてきました。その結果、子供の絵の特質、意味、内容はかなり明らかになってきています。幼児の描画と性格については、R・H・アルシューラとB・W・ハトウィックというふたりによる研究が先駆的で有名です。日本でも、霜田静志や宮武辰夫、浅利篤らによる日本児童画研究会などの多くの研究があります。

ごく簡単にその一部を紹介しましょう。モチーフが象徴するものとして、放射状のもの（太陽など）、とがったもの、塔のようなそびえたもの、照らすものなどが父親を、乳房のようななだらかな山、乗り物や家（子宮が原型と考えられる）、大きく優しそうな動物などが母親を、小動物や虫、ロボットなどが子供自身をあらわすという報告があります。色の意味するものとして、赤が活動・興奮、黄色が依存・求愛、緑が疲労・鎮静、青が服従・自制、紫が疾病・障害・死、白が失敗感・警戒心、黒が恐怖・抑圧。また色の組み合わせとして、黒と黄で父親への求愛、黒と赤で母親への求愛、赤と青で嫉妬・競争、赤と緑は性的関心をあらわすといった報告があります。また、それらの形や色を画面のどこに使うかによって心理や身体状態を診断するという報告もあります。

注意したいのは、これらはたしかに高い確率でそういう傾向があるわけですが、あくまでそれは傾向に過ぎず、公式化したり、思い込んだり速断したりすることは避けなければならないということです。実際、絵を見なくても、子供の活動を数分間かでも真摯に観察すれば、その子の性格や心理状態は自ずとわかってくるものです。また、子供の絵のなかに心理的なものが隠されているからといって、それを見つけること自体は目的ではありません。子供本人を知らずして絵によってのみ判断しようとする態度も間違っています。占いや、烙印を押すような見方は絶対によくありません。子供の心理は刻一刻と変化しています。絵一枚だけで判断することは危険なことです。その子の活動の連続性のなかで見てあげたいものです。

それでも、子供をしっかり見て、その上で絵を見ることができたなら、絵から子供のおかれた状況やその心理が伝わってくることがあるのです。本人も自覚していないようなレベルで、その心は絵ににじみ出てきます。子供の絵には、「伝えたいもの」と「伝わってくるもの」があることを、しっかり了解しておきたいものです。

4

見る力

ここまで、大人と子供を対比させることで子供の世界を浮かび上がらせ、子供と美術の重なりについて考え、子供の造形を詳しく見てきました。子供理解を深めていくためにも、また子供自身のためにも、造形が大切な分野であることを示しました。

最後の四章では、これまでに述べてきたことを元にしながら、子供の造形を「見る力」、そして芸術作品を「見る力」を大人が身につけることの重要性を確認して、結びにしたいと思います。

4・1 子供の造形を「見る力」

プロローグでも紹介した、私の幼稚園の園長でもあった岡田清先生は、著書『子供の絵の伸ばし方』（一九五五年）や『幼児の絵の見方』（一九六七年）のなかで、子供理解の必要性、子供の造形の見方を詳しく説いています。いずれも発刊されて五十年、六十年と経っていて、残念ながら今ではなかなか手に入らないのですが、その説得力は現在もまったく色褪せていません。

『幼児の絵と教育』のなかで岡田先生は、幼児教育者へ向けて次のように語りかけています。

先生方には、絵を見る力が美術教育の入門であって、そしてまた終着駅でもあるほど、それほど大切なものである。（岡田清『幼児の絵と教育――幼年美術論』創元社、一九七七年、一〇二頁。）

ここで言う「見る力」とは、絵の表面的な美しさや善し悪しを判断できるかどうかといったものではありません。そこに子供たちの世界観があらわれていることを理解し、受容し、喜び、大切にすることができるかどうかということです。

「見る力」は、先生自身が絵を描いたり、つくったりする力よりもはるかに重要です。描いたり、つくったりすることが得意な先生ほど、自分の描き方、つくり方に従わせようとしてしまいがちで、子供を使って、先生自らが描きたい絵を描かせようとすることがあるからです。子供が先生の下請けになってしまうわけです。ですから先生はむしろ、描いたりつくったりすることが苦手な方がいいくらいです。一方、「見る力」は絶対に必要です。「見る力」によって裏打ちされた子供理解は、子供に安心感を与え、子供の自己肯定感を育み、世界を信じる心を培います。

それでは、子供の造形を「見る力」が欠けた先生に指導されたとき、子供にはどんなことが起こるのでしょうか。

ここでも、学生の文章を紹介します。

美術や図工の思い出の話を聞いて、私も一つ思い出したことがありました。小三の時に「ザリガニ」をテーマにクレヨンと絵の具を使って描く時がありました。私は一生懸命たくさんのザリガニを描きました。なかなか絵を描きはじめられない子が数人いたらしく、先生（図工のみ教える講師の先生）は前に集めて叱りはじめました。先生は機嫌がとても悪く、私が話しかけると、「なんなの、あなた。気持ち悪い、そんなにいっぱいザリガニ描いて」と言われました。泣きそうになったけど、必死でこらえました。あとで「ごめんね」と言われましたが、なんとも思いませんでした。先生や図工が大好きから大嫌いになりました。しかし、後日展覧会に出す作品を選ぶ時に、担任の先生は私の絵を選んでくれました。図工の先生、ざまあみろと思いました。苦い思い出です。

絵を描くと、いつもいつも「ここはこうしたほうがいい」と言っていた、五、六年の時の担任。たしかに絵を描くのは上手いひとだけど、私には私なりの思いや表現の仕方がある。たしか、一度それで本気で怒って、作品をびりびりにやぶってやった。スッキリした!! けど、やっぱり作品を提出せねばならなくて、しぶしぶもう一枚描いていた。ああ、なんて情けない私、と思いました。

一つだけ覚えていることがあった。それは先生が、私の絵を水道で洗い流したことである。その時の絵は自転車の絵だった。それまでも絵は苦手で先生に何度も描き直しをさせられていたが、さすがに絵を水で洗い流されたのは小学生ながらも衝撃的だった。それを機に、絵を描くことは嫌いになった。

いかがでしょうか。大人が子供の表現を受け入れることのできなかった場合、このように子供たちの心を傷つけ、それが、あとになっても忘れることのないいやな思い出として残ってしまうわけです。これらの学生が語っているのは小学生の時の出来事ですから、その時抱いた違和感を自覚することができたのです。しかしそれより前の幼児期ということになれば、まだ主体的な感情を抱くことが難しいですから、先生の指導に抵抗感をもつことはなく、むしろ「自分が悪いのだ」と無意識に感じます。そのことは記憶に残らずとも、その子のなかに負の感情として巣くうでしょう。そして、表現することや造形活動に取り組むことを自然と避けていくに違いありません。幼児期の子供への対応の責任は、より重大と言えます。

ところで、たくさん描いたザリガニを「気持ち悪い」と言った図工の先生は、どこがいけないのでしょうか

（そもそも「気持ち悪い」などということばを子供に浴びせるということだけでも、根本的に問題ですが）。

まず、その先生のなかに理想とする絵のイメージが存在するという問題です。絵を描くことは自己表現です。自己表現とは自分の考えや思いを表に出すということです。つまり、ひとりひとり違うのが当然です。この子は、たくさんのザリガニがいることに関心を向け、それを描きたかった。そしてそれを一生懸命表現しました。ところがそれは、先生が想定していた絵とは違ったわけです。先生はおそらく、真ん中に、ザリガニを一匹、ドンと大きく描かせたかったのでしょう。描かせたいというのは先生の思いです。先生の思いを子供が代わりに描いても、それは表現ではありません。先生が描かせたいものを、子供を使って描かせようとしている、それを教育だと信じているのです。それは言い過ぎだとしても、無自覚にそれをよしとしてしまっているのです。

もうひとつ良くないのは、テーマも材料も描き方も固定化されていることです。テーマ（what）はザリガニで、材料（by）はクレヨンと絵の具、描き方（how）は一匹を大きく描く、というようにです。その三つをすべて先生が決めてしまっているのです。「how」の部分だけは、一匹を大きく描くように事前に子供たちに指示していたのではありませんが、先生の心のなかにそれははっきりありました。先生の心のなかを推し量ることができた子供たちは、きっと褒められたのでしょう。しかしそれは表現活動ではありません。その子が、その子なりの表現や方法を選ぶ余地がまったくないからです。

「what」「by」「how」をすべて固定してしまうと、できあがる作品はみな同じに画一化されます。だからと言って、すべてを自由にすればいいのかというと、これは放任ということになります。自由遊びです。自由遊びが悪いということではありませんが、ねらいをもって展開される保育や教育とは質が異なるものです。保育や教育の場面では、すべてを自由にされると、子供にとっては逆に不自由でなりません。「何を描いてもいいよ。何を使ってもいいよ。どんなふうに描いてもいいよ」では、優しい対応のようで、実は、子供たちをたいへん不自由な状況に陥らせるのです。「描いてね」「つくってね」と保育を設定しておきながら、何も手がかりを与えず、だからといって子供が完全に自由に描いたり、つくったりしたら、先生に受け止めてもらえなかったりするのですから、子供にとっては厄介な課題です。

「what」「by」「how」のどれを固定し、どれを自由にするのか。保育や授業のなかで子供たちに身につけさせたい力によってそれを決めます。固定した部分については、着実にみんなに力をつけさせてやりたいものです。そして、自由にした部分については、子供たちの選択を十分に受容し、賞賛し、評価してあげたいところです。そこに、教師の「見る力」を存分に発揮しなければならないのです。

それでも前述の三人の学生たちは、その他の場面では、あるいはその後は、適切な教育を受けることができたからこそ、教育学部に進学し、先生になることを目指したのでしょうが、似たような経験を持つ多くの子供たちが潜在しているのではないかと推測されます。いやな思いを抱えたまま大人になってしまっているケースが多々あるだろうと心配します。そうして大人になったときに、子供の世界を理解し、子供の造形を受け容れることができないのは当然です。この負のスパイラルを断ち切りたいものです。

もうひとつ、保育所での絵の指導に関するエピソードを取り上げてみます。

ある保育所の先生が、私の講演を聴いてくださったあとに、「私の指導は間違っていました」と言って子供の絵の画像を送ってきてくださいました（**図4-1**）。みんなで遠足に行ったあとに五歳児が描いた絵です。これまで見てきたように、五歳児は図式期真っ只中です。下部に描かれた線路は基底線、最上部には青い空があって、太陽が輝いています。電車に乗った笑顔の子供たちが見えます。と、ここまでは図式期の特徴満載です。ところが理解できないのが、画面中央に大きく描かれた家のようなものです。三章の基底線のところで述べたように、この部分は、図式期の子供にとっては透明空間です。ところが、その何もないはずの空間に、まるでこの絵の主役かと思われるほどの大きな物体が描かれています。最後に描き足したことがはっきりわかります。

先生が、これを描かせたのです。描かせたと言っても、「ここにこれを描きなさい」と直接指示したわけではありません。先生は、この子が「できた！」と言ってこの作品を先生のところに持ってきたときに、「ほかに電車から何か見えなかった？」と子供にたずねたのです。もちろん強い口調ではなく、優しくだと思います。子供は健気ですから、先生の言うことを聞いて、ここに茶色で家のようなものを描きました。「描いてくれた」と言った方が正確かもしれません。この茶色い物体は、大きなスーパーマーケットです。

4-1　図式期の絵としては不自然

さて、ここで考えてみたいと思います。この日、この子は電車に乗って遠足に行きました。青と緑の車両が連結した電車に乗って、青空の下、保育所のみんなと行きました。この子にとっては、遠足に行った先よりも、みんなで電車に乗って行ったことが嬉しかったのでしょう。その様子と気持ちを描きました。電車から見えたスーパーマーケットは、この遠足にはまったく関係ありません。ただ見えただけです。

先生は、この空間の意味を知りませんでした。子供にとっては、天と地のあいだは何もない透明空間であることを理解していなかったのです。絵は心のあらわれです。この子にとってのこの絵の主題は、「天気のいい日に、みんなで楽しく電車に乗って行った遠足」です。それなのに、それは受け容れてもらえず、ほかに見えたものを描くように指示されたわけです。絵とは目に映ったものを描くものだという間違った認識が、透明空間を物足らないスペースとして、そこを埋めるように指示してしまうことにつながったのです。先生からすると、空白のスペースにも最後まで一生懸命描かせた、しっかり指導できた、この子も最後まで頑張った、画面にたくさんの要素がつまった絵を描かせることができた、という満足感を得られたわけです。それは先生の自己満足に過ぎません。

この子がこの絵を「できた！」と言って見せに来た時がとても重要です。まずは、その子が話してくれることがあれば、十分に聞いてあげることです。それらすべてを受け容れてあげます。そして話をいろいろな方向へひろげてあげたいものです。たとえその子が十分に話をしてくれなくても、この絵を見ただけで、受け容れられるところ、褒めどころはたくさんあります。スーパーマーケットを、私がむりやり消した図4-2を見ながらピックアップしてみましょう。

- ふたつの色の車両がつながっていて、それを塗り分けているところ
- みんなで遠足に行った嬉しさが伝わってくるところ

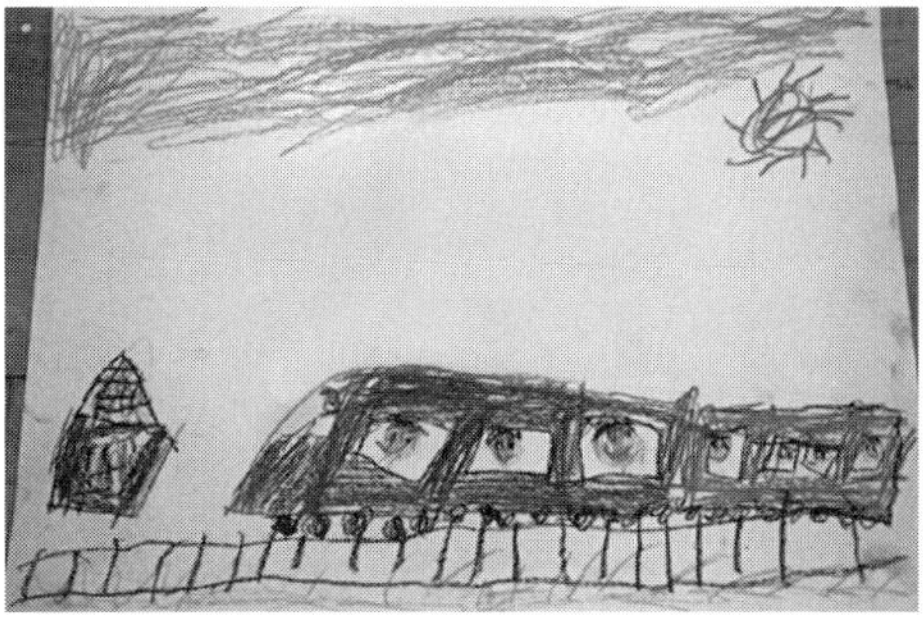

4-2 元の絵の想像図

・電車に乗っているみんながそれぞれの笑顔を見せているところ
・電車のなかでの楽しい会話が聞こえてきそうなところ
・車輪がリズミカルで、電車が走る音まで聞こえてきそうなところ
・たいへん気持ちのいい晴れの日が表現されているところ
・下部の草からは風を感じ、爽やかな香りが漂ってくるところ
・何もない透明空間からは、気持ちのいい世界のひろがりを感じるところ

もっとあるかもしれません。それらを、子供にもわかることばで返してあげたいものです。あるいは子供にわからないことばでもかまいません。「構図」や「リズム」や「空間」など、難しいことばを使っても一向にかまいません。子供には、「何だかよくはわからないけれど、どうも僕の絵はすごいらしい」ということが伝わります。子供は、「先生は、とにかく僕の作品を気に入ってくれて、とても喜んでくれている。その先生が、僕は嬉しい」のです。それが自己効力感や、世界を信じること、すなわち自信につながっていきます。

褒めるところは、本人が自覚している部分だけに留まる必要はありません。本人が気づいていないようないい点を掘り起こして、そこを褒めていきます。そういう点こそ大切なのです。ここで、大人の「見る力」を発揮するのです。

透明空間もそのひとつです。透明空間は、子供があえて余白として残しているわけではありません。このように空間を確保するのが効果的だからそうしているのではありません。しかし、その部分に、大人が美を見つけ出してあげることが重要なのです。

例えば、葛飾北斎の《神奈川沖浪裏》(図4-3)は、画面の四割程度がほぼ何も描かれていない構図です。描かれていない部分が多いので不十分なできなのでしょうか。誰もそうは思いません。見事だと感じます。ちなみに、全画面を波で覆い尽くしてみましょうか(図4-4)。「おお。たくさん波が描かれていて、波の迫力を感じる!」という方はいないでしょう。一方で子供の絵になると、透明空間は不十分なスペースと判断してしまうのは不思議なことです。子供は最後まで画面をきちっと埋め尽くしてこそ頑張ったと言えるのだというように思っていたとしたら、それは子供を低く見ているということにならないでしょうか。

この遠足の絵を描いた子の先生は、私の話を聴いてすぐに自分の声のかけ方の不十分さに気づき、「見る力」の重要性を認識してくださいました。きっとその後に出会った子供たちに還元されていると信じています。

4-3 葛飾北斎《神奈川沖浪裏》
1831〜1833頃、横大判錦絵(浮世絵版画)、約39×26cm、日本浮世絵博物館ほか

4-4 これでは台無し

4・2 芸術作品を「見る力」

さて、ここまで子供の世界やその造形を「見る力」の重要性について述べてきましたが、あわせて重要なことがあります。子供たちを芸術作品にふれさせる際のことです。これまで見てきたように、優れた芸術作品と「子供であること」には重なりがあるのですから、子供に芸術作品を与えるときも、優れたものを与えなければなりません。「見る力」を十分に発揮して、子供に提供すべきものをしっかり選定することが大切です。大人は子供のことを、「まだ幼いからわかるはずがない」「子供にはこのくらいでちょうどいいだろう」と、低く見がちです。しかし、それは子供たちの表現が優れた芸術家たちの表現に近いことを知らないからです。三章で見たとおり、子供と芸術家との距離は、いわゆる大人と芸術家との距離よりも近いのです。

子供たちが芸術作品とどんなに簡単に仲良くなれるかという例を挙げてみたいと思います。子供たちは、描いたり、つくったりするときに大いに芸術的な活動を見せますが、名画・名作を見る際にも見事な鑑賞者になります。

私は研究のひとつとして、保育所や幼稚園、こども園の子供たちに名画を鑑賞させる取り組みをしています。子供に名画の鑑賞などできるわけがないと思われるかもしれません。しかし、彼らは驚くほど熱心に見入って、かつ名画の核心をつく発言をします。

保育所の年長さん二十人ほどに、北斎の《神奈川沖浪裏》を見せた時の様子を紹介しましょう。

彼らが一枚の絵を見ていられる時間はどのくらいだと思いますか？　一分間くらい？　せいぜい五分？　いえ、子供の集中ははるかに長く持続します。

《神奈川沖浪裏》を見せるや否や、二人の女の子が両手を挙げて爪を立てて、熊のような格好をしはじめました。「はじめはみんなで黙って見ようね」と言ってあるので身ぶりだけですが、「ガーッ」と声を出したくて仕方がない様子です。発表の時間がくると、その子たちは身振り手振りを交えながら、「爪みたい！」と言います。そうです。ゴッホと弟テオの手紙のやりとりのなかで「鷹の爪」と評された波の表現を、年長さんが同じように感じるのです。

別の女の子が「ここにも山がある。ここも山みたい。」と言って、三角形が三つ連なる構図の妙に簡単に気づきます（図4-5）。

またひとりの男の子が絵の前に出てきて、長袖の袖口を指に絡めてもじもじしながら、波頭から富士山頂へ丸い軌跡を描きつつ指を沿わせ、「ここがこういうふうに波が山にかかりそう」と言います。実はこの作品、左下の角を中心に左辺を半径とする円を描き、画面の対角線との交点をとると、それはピタリと波頭の先と富士の山頂に当たります（図4-6）。そのことを彼は読み取っているのです。

次々と手があがり、全員がいろいろな話を発表してくれます。それをひ

4-5　三角形が三つ

とつずつ私がとり上げ、みんなで味わいます。その友だちのお話に触発されて、またお話が出てきます。子供たち全員が一枚の絵を見つめ、指さしながら考えを発表しつづけます。四十分が経過しても挙手が止まりません。私は「ごめんね、またあとで聞くね」と言いながら、次の活動に進めざるを得ませんでした（目的、効率、計画に縛られている！）。

鑑賞したあとは、全員でひろい遊戯室に移動し、フランスの作曲家、クロード・ドビュッシー作の交響詩「海」に合わせて、まずは子供たちひとりひとりが思い思いに身体表現をしました（ドビュッシーは《神奈川沖浪裏》を見て、この曲の着想を得たと言います）。両手を上げて、おおいかぶさるような格好で波を表現する子、ほかの子と手をつないでくるくる回りながら渦巻きを表現する子、だーっと走って風を表現する子など、さまざまです。私はおもむろに曲をストップさせます。そうしたら体をストップさせるというルールです。しばらく曲を流しては止める、ちょっと流してすぐ止める、をくり返します。「だるまさんがころんだ」遊びのようです。次に「みんなでこの絵を表現しよう」と言って、全員で《神奈川沖浪裏》を表現してみます。波になる子、富士山になる子、舟に乗って伏せているひとを表現する子などがいます。そこで私は、その様子を写真に撮ります。「はい、チーズ！」。そのとき、先のストップゲームが生きてきます。子供たちはピタッと静止しようとします。写した写真（**図4-7**）をすぐにパソコンに取り込んで、《神奈川沖浪裏》と並べたスライドを子供たちに見せます。比較鑑賞会のスタートです。この時も「まあちゃんのかっこうは北斎さんの波に似ている！」「しゅうとくんの、

4-6 幾何学的なしかけ

4-7 みんなで《神奈川沖浪裏》の身体表現

舟に乗っているのがとっても苦しそう！」など、次から次へと意見が出てきて大盛り上がり。《神奈川沖浪裏》一作で、二時間ほど活動したことになります。

芸術家が生み出した名画の持つ力は、介在する大人を越えて直接子供たちに語りかけます。子供たちと優れた芸術は、とても近いのです。

さて、そうは言っても子供たちに世界の名画を鑑賞させる機会は、現実的にはなかなかないものです。しかし、子供が日常で簡単に出会える芸術作品があります。それは「絵本」です。「絵」の「本」です。絵本は、子供が初めて出会う造形芸術です。

優れた絵本は芸術作品でありながら、美術館にある絵画作品よりも容易に出会うことができます。版画をのぞけばたいていの絵画作品は、一点しか本物がありません。一方、絵本は印刷物であり、印刷され製本されてようやく本物の絵本になります（絵本の原画は絵本ではありません）。ですから、本物が何千、何万冊と存在します。この点は大切なことです。子供たちをたやすく本物と出会わせることができるのです。

それでも子供たちは、自分の力で絵本に出会うことはできません。保育所や幼稚園などにある本は、先生方が選んだものですし、本屋さんに行って本を買ったり、子供たちを図書館に連れて行ったりするのはお母さんやお父さんです。つまり、私たち大人が、子供と絵本の出会いについて心をとめておかなければならないのです。そこで、優れた作品を選び取る「見る力」が問われます。

子供は「子供っぽい、ふわふわした可愛らしい絵が好きだろう」というのは大人の勝手な思い込みです。それは子供たちの様子を見ればすぐにわかります。

モーリス・センダックの『かいじゅうたちのいるところ』、マーシャ・ブラウンの『三びきのやぎのがらがらどん』、山田三郎が絵を描いた『三びきのこぶた』、赤羽末吉が絵を描いた『スーホの白い馬』、ユリー・シュルヴィッツの『よあけ』、ハンス・フィッシャーの『こねこのぴっち』、バージニア・リー・バートンの『ちいさいおうち』、田島征彦の『じごくのそうべえ』、ジョン・バーニンガムの『ガンピーさんのふなあそび』……。名作絵本は数々ありますが、どれも子供向けだからと子供に媚びたようないい加減な表現ではなく、真剣に子供たちに対峙した芸術作品になっています。こういう絵本を子供たちに読み聞かせた時の反応は素晴らしいものです。目をキラキラさせて物語のなかに入り込んでいます。読み終えた時、「あー、おもしろかったあ！」と声をあげることもしばしばです。

東京子ども図書館の松岡享子は、次のように述べています。

子どもたちは、絵のスタイルを識別したり、絵のもつ力を感得することにかけては、非常に敏感です。絵を見れば、その画家が、自分達より、よく訓練されたすぐれた目をもっているかどうか、その絵が自分たちを、より高い、より質のいいものへひきあげてくれるかどうか、ピーンと感じとるようです。子どもたちの中に本質的に備わっている、成長しようという力が、自分たちを高めてくれるものへ本能的に手を伸ばさせているのでしょう。

絵本は、子どもたちに美的満足を与え、より質のよい美しさの世界へ子どもをひき上げてくれるものでなければいけない。（松岡享子『えほんのせかい　こどものせかい』日本エディタースクール出版部、一九八七年、四四、四七頁。）

また、岡田清先生は、絵本の選定について次のように述べています。

絵を読むとなると、第一にその絵がよくなくてはならない。よい絵であればあるほど、その絵は子供たちにいろいろな想像をさせるでしょう。数限りない種類の、測り知れない深さの心の活動を誘発してくれるでしょう。（岡田清『幼児の絵と教育——幼年美術論』創元社、一九七七年、一三三頁。）

私が通った幼稚園では、クラスの全員が、みんな同じ『ももたろう』（画・赤羽末吉、一九六五年）や『ふしぎなたけのこ』（画・瀬川康男、一九六三年）を一冊ずつ持っていました。保育室に共有の一冊ということではなく、それぞれの家庭に購入を求められたのです。そこには、園長であった岡田先生の教育理念が反映されていました。優れた作品を自分だけのものとしてしっかり味わえるようにという配慮だったと、担任の山川先生に聞きました。

それらの絵本は名作絵本として現在でも読みつがれています。私が園児の時には、まだ発売されて間がなく、評価は確定していない頃です。その時点で確信をもって私たちに与えてくださった先生方の「見る力」に感服します。穴が開くほど見つづけた『ももたろう』や『ふしぎなたけのこ』は、今も私の書棚にあります。

優れた芸術作品は子供たちに近いということは何度も語ってきました。優れた作品と子供たちとのあいだに入って、子供たちに作品を運ぶ役割を担っているのは大人です。その責任は大きいのです。

松岡享子は、子供たちにどのような絵本を読み聞かせていいかわからないときには、発売されて二十年が経過したものから与えてみましょうと述べています。成人式を迎えた絵本は、それだけ多くの子供たちが支持してきた絵本ですから、これはひとつの目安になると思います。

ここで、絵本について講義をした際の学生の感想を紹介したいと思います。

私が幼い頃、私の母は本屋さんでラックに入って回っている、「世界名作アニメ絵本」を絶対に買ってくれませんでした。まわりの友だちはそのシリーズを何作も持っているのに、自分のお母さんがそれを一冊も買ってくれないことが不思議で仕方がありませんでした。そのかわり、母は美しく繊細なタッチで描かれた絵本が好きで、何冊も買い集め、毎晩、私が寝る前に読み聞かせてくれました。『人魚姫』の絵本は最後に人魚姫が泡になって消えてしまうことがものすごく悲しくて、読んでもらうたびに切なくなっていたのですが、海のなかや人魚たちや泡までもがとても美しく描かれていて、悲しくなるのがわかっていても、やはり読んでほしいとよく頼んでいました。

今日のお話を聞いて、母が何を考え、子供のために絵本を集め、読んでくれていたのかがよくわかりました。

今は亡き母に感謝の気持ちを伝えたい気持ちでいっぱいになりました。


悲しいお話や怖いお話であっても、心に染み入る美しい絵本はたくさんありますし、そういう絵本を、お母さんという絶対的に安全で安心できるひとの膝の上で読んでもらう時間は、子供たちの感情のひだを深くしていきます。亡くなられたお母さんの「見る力」は、この学生のなかに、生涯にわたる「美」の感覚を残したのです。


私たち大人は、子供の造形を見る時にも、そして子供に何かを見せる時にも「見る力」を発揮しなければなりません。しなければならないと言うと息苦しさを感じてしまいますが、「見る力」は私たち大人自身をも豊かにしてくれます。

「見る力」を身につけるために、大人も優れた芸術作品を見ることがたいへん有効です。ここまで、ところどころに芸術家たちの作品や考え方、エピソードなどを織り込んできましたが、それらは子供の世界や子供の造形を理解し、子供たちに優れたものを提供していくための突破口にもなり得るからです。
日本の幼児教育の父と称される倉橋惣三は、その著書のなかで、若い幼児教育者に向けて次のように述べています。

私はあなたに、いい詩を読み、いい絵を見ることをおすすめしたい。それも、文字論や美学の筋をたどってではなく、直接詩を読み、絵を見ることによって、詩人や画家のもつ目と心とに触れてゆくのです。詩人や画家は、表現の巧みの前に、それ以上優れた、物の見方、物への触れ方、物の感じの捕らえ方を持っているのです。その性能というか、力というか、それこそが芸術家の偉いところ、われわれの鈍い目と鈍い心とが、芸術によって修行させられることです。何ものからも、あの新鮮な印象を受け取り、何ものに対しても、あの純真な感激と驚異とをもつ芸術家の目と心。それは、幼年者と共に生きる私達にとって、彼等と同じに物を見、同じに物を感ずることの出来るための、最も必須な勉強科目ではありますまいか。（倉橋惣三『倉橋惣三の「保育者論」』フレーベル館、一九九八年、一七三～一七四頁。）

倉橋自身は芸術家というわけではありませんが、優れた鑑賞眼を持っていたことは想像に難くありません。優れた芸術作品を見ることが子供を見ることに生かされることを実感していたのだと思います。
子供の作品は芸術ではありません。しかし芸術的作品であり、無自覚的ながらも芸術家の作品同様、豊かな「美」をたたえています。芸術家の目と心に触れることが、そのまま子供の芸術的作品や、それを生み出す子供たちの心に接する時に生かされるのです。

私たち大人は、優れた芸術作品に触れることを通して「見る力」を養い、子供の表現のよさを発見し、受容し、感嘆し、賞賛して、その嬉しい時間を子供たちと共有していきたいものです。

あとがき

私は、大学を卒業して中学校の美術の教師となり、十年間を生徒たちと過ごしました。その後現在まで、短期大学と大学で、保育者や小学校教諭を目指す学生たちに造形／美術及びその教育を二十年にわたって指導してきました。

研究上、保育所や幼稚園、こども園を訪れて子供たちに直接保育をする機会がたびたびあります。私の子供たちが小学生の時には、ゲストティーチャーとして教壇に立つこともよくありました。また、美術館などで造形のワークショップを何度も担当してきました。高校の家庭科の時間に、子供について教えに行くこともあります。

ふり返ってみると、造形／図画工作／美術を通して、幼児から小学生、中学生、高校生、短大生、大学生と幅ひろく教えてきたことになります。自ずと長いスパンで子供たちをとらえるようになりました。

そんなサイクル教員を達成して強く感じたことは、幼児期の魅力とその重要性です。大学を卒業してすぐに中学校の教師になった頃は、小さな子供のことは当時から大好きだったものの、まさか幼児教育や幼児期にこれほど自分が注目することになるとは夢にも思っていませんでした。その転機となったのは、短期大学の保育科で造形教育を教えるようになったことです。保育者を目指す学生たちが、小さな子供たちのことを理解し、楽しく意義ある造形活動を提供できるようになるために、私自身が子供を学び直し、形や色、材料にかかわっていく遊びやそのプロセスの重要性と面白さを今一度実感する必要があったのです。そのため、保育所や幼稚園、こども園の現場に出かけ、子供たちと一緒に活動したり、先生方と語り合ったり、幼児造形教育の研究会で議論したりしました。

そのうちに、私自身は、幼児期にいったいどのような教育を受けていたのだろうと思いを馳せるようになりました。どんな園に通っていようと幼児はみな同じような教育を受けてきたのだろうと、どことなく思い込んでいたようにも思います。しかし、それは間違いでした。気づいたきっかけは、プロローグで書いた通りです。四十三年ぶりに出会った自分の絵が、幼児期の教育の重要性をあらためて確信させてくれたのです。それが直接の動機となって、子供の世界について考えてきたこと、子供の造形とその教育について研究してきたこと、また並行して自らの作品制作と芸術鑑賞をつづけてきたことが、ひとつのまとまりとして浮上し、本のかたちとなりました。

本書が、子供の世界やその造形の魅力をひもといて、みなさんの、子供たちへ向けるまなざしがより受容的で優しいものになることの一助になれば、これほど嬉しいことはありません。同時に、ほんの少しでも私たち大人のあり方を省みる機会となることを願ってしめくくりとしたいと思います。

本書に掲載した子供たちの作品は、私が顧問を務めている島根県保育所（園）・幼稚園造形教育研究会主催の「島根県保育所（園）・幼稚園造形作品展」（於島根県立美術館）への出品作、鳥取県の子供たち、各地の保育・教育現場で活躍する私の教え子のクラスの子供たち、そして私の息子と娘のものを中心としています。子供たちに感謝の気持ちでいっぱいです。本書が、みなさんの世界や思いを、私たち大人に伝える架け橋となることを願っています。あわせて、長年にわたり私の「見る力」を鍛えてくださった上記研究会の先生方にこの場を借りて心よりお礼申し上げます。

また本書は、お話を持ちかけてくださった三元社の山野麻里子さんの存在なくしてかたちになることはあり得ませんでした。本当にありがとうございました。

二〇一七年一月

松岡宏明

参考文献

青栁三郎『幼児画の意味と理解—わたしの描きたいことわかってね』近代文芸社、一九九五年。

浅岡靖央／加藤理編著『子どもの育ちと文化』相川書房、一九九八年。

浅利篤監修、日本児童画研究会編著『原色　子どもの絵診断事典』黎明書房、一九九八年。

鯵坂二夫監修、林林男編『表現　幼児造形　理論編』保育出版社、一九九四年。

アルシューラ、ローズ・H／ハトウィック、ラベルタ・W『子どもの絵と性格』島崎清海訳、文化書房博文社、二〇〇二年。

アンドレア・デュエ社編『こどもとみるせかいのびじゅつ』馬渕明子訳、福音館書店、二〇〇〇年。

井島勉『美術教育の理念』光生館、一九六九年。

磯部錦司『子どもが絵を描くとき』一藝社、二〇〇六年。

ヴィオラ、ウィルヘルム『チィゼックの美術教育』久保貞次郎／深田尚彦訳、黎明書房、一九七六年。

上田紀行『日本型システムの終焉—自分自身を生きるために』法藏館、一九九八年。

大橋功「幼児期における色彩教育カリキュラム開発についての研究」『色彩教育』vol.24 No.1-2、色彩教育研究会、二〇〇六年。

大橋功／新関伸也／松岡宏明／梅澤啓一『造形表現指導法』東京未来大学、二〇〇八年。

大橋功／新関伸也／松岡宏明他編著『美術教育概論（改訂版）』日本文教出版、二〇〇九年。

岡田清『幼児の絵と教育—幼年美術論』創元社、一九七七年。

岡本夏木『幼児期—子どもは世界をどうつかむか』岩波新書、二〇〇五年。

香川勇／長谷川望『子どもの絵が訴えるものとその意味』黎明書房、一九九七年。

ガスケ、ジョアキム『セザンヌ』與謝野文子訳、岩波文庫、二〇〇九年。

ガードナー、ハワード『子どもの描画—なぐり描きから芸術まで』星三和子訳、誠信書房、一九九六年。

金子一夫『美術科教育の方法論と歴史』中央公論美術出版、一九九八年。

神林恒道『近代日本「美学」の誕生』講談社学術文庫、二〇〇六年。

神林恒道／新関伸也編著（松岡宏明他著）『日本美術１０１鑑賞ガイドブック』三元社、二〇〇八年。

神林恒道／新関伸也編著（松岡宏明他著）『西洋美術１０１鑑賞ガイドブック』三元社、二〇〇八年。

熊本高工編『表現の指導　造形』同文書院、一九九〇年。

倉橋惣三『倉橋惣三の「保育者論」』フレーベル館、一九九八年。

黒川建一編著『保育内容　造形表現の探究』相川書房、一九九七年。

花篤實『子どもの「思い」をどう引き出すか――Q&Aによる新しい幼児造形の実際』、サクラクレパス出版部、一九九三年。

花篤實／岡田憼吾編著『造形表現　理論・実践編』三晃書房、一九九四年。

ケロッグ、ローダ『児童画の発達過程――なぐり描きからピクチュアへ』、深田尚彦訳、黎明書房、一九七一年。

佐伯胖『幼児教育へのいざない――円熟した保育者になるために』東京大学出版会、二〇〇一年。

シュトラウス、ミヒャエラ『子どもの絵ことば』高橋明男訳、水声社、一九九八年。

末永蒼生『答えは子どもの絵の中に――色で読む子どもの心と才能』講談社、二〇〇〇年。

千田篤「『絵本とはなにか』を考えるに当たっての基礎的諸問題の整理」、『絵本学』No.1、絵本学会、一九九九年。

高村光太郎「触覚の世界」『昭和文学全集　第4巻』小学館、一九八九年。

鳥居昭美『子どもの絵の見方、育て方』大月書店、一九八五年。

林健造『異文化としての幼児画――あなたへのメッセージの読みとり方』フレーベル館、一九九六年。

東山明／大谷恵子／東山直美『乳幼児の造形教育』同朋舎出版、一九八八年。

東山明／東山直美『子どもの絵――成長をみつめて』保育社、一九八三年。

東山明／東山直美『子どもの絵は何を語るか――発達科学の視点から』日本放送出版協会、一九九九年。

ヘルダー、ヨハン・ゴットフリート「彫塑」、一七七八年（世界の名著38『ヘルダー　ゲーテ』中央公論社、一九七九年）。

松居直『絵本のよろこび』NHK出版、二〇〇三年。

松井るり子『七歳までは夢の中――親だからできる幼児期のシュタイナー教育』学陽書房、一九九四年。

松岡享子『えほんのせかい　こどものせかい』日本エディタースクール出版部、一九八七年。

松岡宏明「子どもの作品をみるポイント」、野村知子／中谷孝子編著『幼児の造形――造形活動による子どもの育ち』保育出版社、二〇〇二年。

松本猛『絵本論――新しい芸術表現の可能性を求めて』、岩崎書店、一九八二年。

宮武辰夫『幼児の絵は生活している（改訂新版）』文化書房博文社、二〇〇〇年。

メルロ＝ポンティ、モーリス『メルロ＝ポンティ「眼と精神」を読む』富松保文訳・注、武蔵野美術大学出版局、二〇一五年。

リチャードソン、ジョイ『あなたのからだ⑩　さわるってどんなこと?』菅原明子訳、ポプラ社、一九八六年。

リード、ハーバート『芸術による教育』宮脇理／岩崎清／直江俊雄訳、フィルムアート社、二〇〇一年。

リュケ、ジョルジュ・アンリ『子どもの絵――児童画研究の源流』須賀哲夫監訳、金子書房、一九七九年。

ローウェンフェルド、ヴィクター『美術による人間形成――創造的発達と精神的成長』竹内清／堀ノ内敏／武井勝雄訳、黎明書房、一九九五年。

著者紹介

松岡宏明［まつおか ひろとし］

1965年、京都府生まれ。大阪総合保育大学児童保育学部、同大学院児童保育研究科教授。博士（教育学）。

京都教育大学教育学部特修美術科卒業後、京都府内の中学校美術科教諭。その間に、京都教育大学大学院教育学研究科教科教育専攻美術教育専修修了。その後、島根県立島根女子短期大学専任講師・助教授、中京女子大学人文学部准教授、関西国際大学教育学部准教授・教授を経て現職。

専門は、美術教育、グラフィックアート。著書に、編著『美術教育概論（改訂版）』日本文教出版、共著『日本美術101鑑賞ガイドブック』、『西洋美術101鑑賞ガイドブック』ともに三元社など。美術文化展などで入賞、入選多数。

（業績は第1刷発行時のもの。）

子供の世界　子供の造形

発行日　二〇一七年二月一日　初版第一刷発行
二〇二三年三月二一日　初版第五刷発行
著　者　松岡宏明
発行所　株式会社 三元社
〒一一三-〇〇三三
東京都文京区本郷一-二八-三六 鳳明ビル
電話／〇三-五八〇三-四一五五
ファックス／〇三-五八〇三-四一五六
印　刷　モリモト印刷 株式会社
製　本　鶴亀製本 株式会社

ISBN978-4-88303-420-8
http://www.sangensha.co.jp